CURACIÓN DE CONTENIDOS

La guía para emprendedores
(y bloggers) ocupados.

TODOS LOS DERECHOS RESERVADOS
Copyright © 2018 Keiwebco, Inc.

Todos los derechos reservados. Ninguna parte
de este libro podrá ser reproducida o transmitida
por cualquier medio – mecánicos, fotocopias,
grabación, online u otro – excepto por citas breves,
sin la autorización previa por escrito del autor.

Esta guía está dedicada a todos los que buscan impactar a su audiencia a través de los mejores contenidos de su sector. Para quienes sirven de filtro entre tanta información y ruido. Para ti, es esta guía.

PRÓLOGO 11

INTRODUCCIÓN 17

CAPÍTULO I: Fundamentos de la curación
de contenidos. 21

   ¿Qué es la curación de contenidos? 22

   ¿Es ética la curación de contenidos? 25

   El origen de la curación de contenidos. 28

   5 razones para curar contenidos. 32

   "¿De verdad ahorra tiempo la curación de contenidos?
   Me parece un trabajo demasiado intenso". 36

   Tipos de contenidos que pueden ser curados. 39

   Curación Vs. Adaptación de contenidos. 43

   La curación de contenidos como parte del Marketing
   de contenidos. 46

CAPÍTULO II: La clave detrás de una curación
de contenidos de calidad. 49

   Las habilidades que debe poseer todo curador
   de contenido. 51

   15 consejos para volverse un excelente
   curador de contenidos. 56

   7 actividades que hacen a diario
   los curadores de contenidos. 64

CAPÍTULO III: Adentrándonos en el proceso
de curación de contenidos. 71

   4 pasos para un proceso de curación efectivo. 75

CAPÍTULO IV: Diferentes modelos de curación. 91

   El modelo del "Top 10". 94

El modelo de "7 consejos para…".	97
El modelo de "X razones para Z".	99
El modelo de "Ventajas y desventajas de…".	101
El modelo de Preguntas Frecuentes.	102
El modelo de las opiniones de expertos.	104
El modelo de la Entrevista.	106
El modelo del Vox Populi.	108
El modelo de la caja de hechos.	109
El modelo de la lista de recursos útiles.	111
El modelo del Resumen.	113
CAPÍTULO V: Herramientas que te ayudarán en la curación de contenidos.	117
Herramientas de descubrimiento.	119
Herramientas de organización.	125
Herramientas de difusión.	130
Sitios web de imágenes que podemos usar en nuestras publicaciones.	135
CAPÍTULO VI: 12 recomendaciones de profesionales y expertos en la curación de contenidos.	141
CAPÍTULO VII: Curando tu propio contenido curado.	155
El modelo de "Los mejores contenidos de la semana/mes/año".	158
El modelo "resumen de la semana".	160
El modelo "Boletín electrónico o Newsletter".	162
El modelo de "Tabla de recursos".	163
El modelo "Opiniones/Comentarios de nuestros usuarios".	164

El modelo "Libro". ---------------------------------- 166

CAPÍTULO VIII: El negocio de la curación de contenidos. 169

Los retos de un cargo novedoso:
"Curador de contenidos". ------------------------------ 174

Dónde podrás trabajar si te especializas
en curación de contenido digital. ------------------------ 180

CONCLUSIONES ------------------------------------- 183

BIBLIOGRAFÍA -------------------------------------- 188

PRÓLOGO

Actualmente, vivimos en un mundo saturado de información. Crear contenido es más fácil que crear conciencia. En parte, eso es estupendo; tenemos acceso a información que hace 20 años atrás solo hubiésemos podido conseguir en bibliotecas públicas o a través de entrevistas personales con profesores, eruditos y eminencias de diferentes áreas.

Pero por otro lado, se genera tanto ruido que aturde. Hay tanta información reciclada y vomitada que más bien, nos confunde y nos hace perder mucho tiempo.

Cuando queremos saber sobre algún tema, los primeros contenidos que consumimos nos ayudan a comprender de manera general el asunto, a exponernos por primera vez a esa información, pero cuando queremos ir un poco más a fondo, asimilar mejor el conocimiento y tener herramientas para aplicarlo, nos encontramos con tanta información contradictoria, inexacta y falsa, que pasamos demasiado tiempo intentando filtrar la enorme cantidad de ~~mier**~~ porquería que existe en Internet, hasta finalmente encontrar lo que realmente será de nuestro beneficio.

Ahora, más que nunca, es cuando necesitamos la curación de contenidos. No necesitamos más información, ni tampoco, información nueva. Muchos sufren de Neofilia, aquella "enfermedad" que hace que siempre se busque lo nuevo, lo original, lo nunca visto. Pero ¿realmente necesitamos algo nuevo? ¿realmente se puede crear algo nunca visto, teniendo la humanidad tantos años de historia creativa?

Como dice el cineasta Kirby Ferguson *"Everything is a Remix",* todo es una remezcla de algo. Películas famosas basadas en otras películas famosas de décadas atrás; libros famosos con una historia inspirada en otros libros famosos del pasado, etc. Lo "nuevo", en realidad, es una remezcla de otras cosas que ya existen. El contenido informativo, no es la excepción.

Tanto mis vídeos para Youtube, como mis contenidos de las redes sociales, contienen contenido de alguna forma u otra, curado. Mi podcast "En mis propias palabras" es contenido 100% curado y 100% asumido que lo es. De hecho, le puse ese nombre para que la gente supiera que a través del podcast, lo que hago es compartir información valiosa que a mí me ha servido para conseguir mis metas y, en mis propias palabras, les transmito ese conocimiento. Como se dice por ahí, hay dos maneras de transmitir luz: ser la fuente que la emite o el espejo que la refleja. A través de mis contenidos, yo soy el espejo que refleja la luz de tantas personas sabias de las que he podido aprender tanto, y habiéndome subido a los hombros de esos gigantes, es que he logrado ampliar mi visión, mis metas y mis triunfos.

Cuando le pedí a mi equipo de redactores de Keiwebco que creara un manual de curación de contenidos para los nuevos redactores que se incorporarían a la empresa y así, mantener una coherencia y consistencia en la calidad del trabajo, no me esperaba que el trabajo resultara tan interesante y estimulante; no podía dejar que se quedara en un simple manual de operaciones interno, sino que esto había que convertirlo en algo público. De allí nació esta guía que tienes en tus manos (o en tu pantalla).

Por política personal, no suelo recurrir a redactores ni curadores para producir mis propios contenidos. Si algo lleva la firma de Alex Kei, lo escribió (o curó) Alex Kei, nadie más. Pero el equipo de redactores de Keiwebco, junto con los chicos de Diwallia (ex-miembros de Keiwebco) crean y curan tanto contenido para nuestros otros blogs, cursos y sitios de nuestros clientes, que han adquirido una gran experiencia en el tema y he sido testigo de su progreso con el pasar de los años.

Al igual que tú, que yo y que todos, todavía les queda recorrido por andar, pero la distancia recorrida hasta ahora, solo muestra lo que serán capaces de conseguir en el futuro. Me siento muy orgulloso de haberlos formado hasta cierto punto y más orgulloso aún, de que hayan progresado tanto por sus propios medios.

Todos esperamos que le puedas sacar el máximo provecho a esta guía.

Un saludo!

Alex Kei
www.alexkei.com

INTRODUCCIÓN

Uno de los retos que enfrentas cuando quieres crear un sitio web o un blog profesional, es poder generar la cantidad de contenido suficiente, no solo para mantenerlo actualizado o posicionarlo en los buscadores, sino también, para fidelizar a tu audiencia y generar dependencia al tipo de información que compartes.

En ese punto surgen las primeras frustraciones de todo aquel que decide aventurarse en la creación de un sitio web o blog, porque dedicarse a generar un gran volumen de contenido por uno mismo, puede convertirse en una tarea titánica e imposible de sostener en el tiempo, con el riesgo de generar un agotamiento innecesario, y lo más seguro, del fracaso del proyecto a corto o mediano plazo. Aunque ese sería tan solo uno de muchos inconvenientes, pues tal vez ni siquiera sepas de qué puedes hablar o dónde conseguir información actualizada y de calidad sobre temas que realmente le interesen a tu audiencia. Inclusive, podría paralizarte la sola creencia de que en Internet ya todo se ha dicho o escrito y que es muy poco lo nuevo que puedas ofrecer.

Entonces, llegado a ese punto, ¿Qué puedes hacer? ¿Cómo puedes lograr tu objetivo sin tener que incurrir en fórmulas poco éticas utilizadas por algunos sitios web para posicionarse en la red, como por ejemplo, el plagio de contenidos? ¿Para qué exponer tu credibilidad, la de tu marca y la de tu sitio en Internet al riesgo tan alto que supone el uso de esa práctica, considerada un delito y penada con severidad en algunos países por representar un robo de propiedad intelectual?

Dicho esto, ¿Cómo podemos entonces generar el contenido suficiente para posicionarnos efectivamente en la red delante de nuestro público objetivo?

Por un lado, siempre tenemos la opción de crear contenido nuevo, con la información que actualmente manejamos, plasmando por escrito todo aquello que tenemos guardado en nuestro cerebro y dándole forma de manera a cautivar a los lectores. Sin duda es una opción que representa muchos desafíos, sobre todo, cuando debemos hacerlo de manera frecuente (a diario o semanalmente).

Por otro lado, podemos aprovechar las mismas técnicas y herramientas que usan miles de escritores en todo el mundo, que ayudan, no solo a identificar temas de interés para nuestro público, sino también, a filtrar y organizar la información de calidad dentro de la inmensa cantidad de contenidos existentes.

Es aquí donde entra la técnica de la **curación de contenidos** (también conocida como curaduría de contenidos) utilizada por los sitios web más famosos de información e incluso, por otros medios como la televisión y las revistas.

En el equipo de redactores de Keiwebco, junto con la colaboración de uno de nuestros más cercanos aliados, el equipo de curadores de Diwallia, hemos desarrollado esta guía donde te explicaremos todo el proceso que nosotros aplicamos a nivel interno y que encierra este modo de generación de contenido. Te diremos cómo puedes aplicarlo, cuáles son las herramientas disponibles para hacerlo, los modelos probados para curar contenido de diferentes formas, los consejos para optimizar tu trabajo, las mejores prácticas y hasta cómo ganar dinero con esta técnica.

En los capítulos que se desarrollarán a lo largo de esta guía, te enseñaremos mucho de lo que debes saber acerca de esta modalidad de jerarquización de la información y la mejor manera de conseguir que tu sitio web o tu blog tenga éxito a través de la publicación de contenido frecuente.

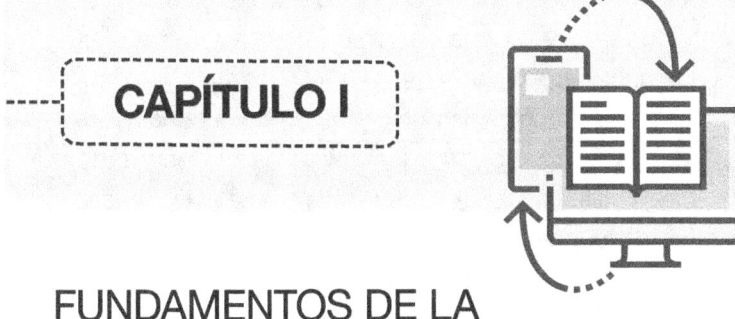

CAPÍTULO I

FUNDAMENTOS DE LA CURACIÓN DE CONTENIDOS

En esta sección, comenzaremos por presentar en qué consiste la curación de contenidos, sus orígenes, las razones por las cuales vale la pena emprender esta actividad, los tipos de contenidos que pueden ser sometidos a este proceso y las consideraciones, tanto éticas como legales, que rodean la curación de contenidos.

¿Qué es la curación de contenidos?

Para entenderlo, es pertinente saber que esta técnica no solo se aplica en el mundo de la generación de contenidos. Hay otras áreas donde existen curadores desde hace muchísimos años. Por ejemplo, en los museos de arte o de historia —hasta en los acuarios— aparece la figura del curador, quien es el encargado de dirigir la adquisición del nuevo material a ser expuesto, lo cual incluye su análisis, categorización, autenticación, lugar de almacenamiento y exposición; es decir, el curador decide cuál es el material más valioso para el público, según los intereses de la institución.

Lo mismo sucede con los curadores de contenido, quienes son los encargados de realizar esta tarea, pero con información; en otras palabras, ellos encuentran, analizan y jerarquizan la información de tal manera que se muestre al público solo lo más relevante y valioso sobre un tema. No se trata únicamente de información disponible en línea, también puede provenir de libros o de cualquier otra fuente que haga alusión al ámbito sobre el cual se quiere escribir.

Para darle más forma al concepto, acudamos a una de las compañías especializadas en esta técnica, Curata, Inc. que la define de la siguiente manera:

Cuando un individuo (o equipo) consistentemente encuentra, organiza, comenta y comparte con su público objetivo el contenido más relevante y de mayor calidad sobre un tema específico.

Dicho de otra forma, al curar contenidos te estarías convirtiendo en un motor de búsqueda personalizado e inteligente, ofreciendo solo lo mejor de lo mejor en tus publicaciones, según lo que sabes que le interesa más a tu audiencia.

Todo este proceso comienza cuando se te ocurre un tema o tópico que quieres compartir con tu público y comienzas a recolectar información al respecto. Con ese primer paso concretado, todo dependerá de tu habilidad de saber escoger las fuentes más valiosas y más recientes acerca del tema, para poder darles a tus lectores la mejor información posible.

Cabe destacar que realizar curación de contenidos, no consiste de ningún modo en buscar un artículo y reescribirlo con sinónimos para hacer creer que es distinto. Se trata de consultar diversas fuentes, extraer lo mejor de cada una y armar tu propio contenido con las ideas más valiosas de cada una de ellas, siempre dándole crédito a la fuente original y agregando comentarios propios.

La curación de contenidos te da la libertad de añadir tus propios comentarios, opiniones y experiencias acerca del tema, lo que hace que te conectes más directamente e íntimamente con el espectador al hacerle saber que tú ya tienes una experiencia propia sobre la temática de la información que compartes con ellos. Quizá, ya has superado una situación similar a la que tu audiencia está viviendo actualmente y el contenido que has decidido curar, te ayudó a superarla y sabes que también les ayudará a ellos, por eso has decidido compartirla.

Ahora que ya definimos el tema, daremos respuesta a algunas interrogantes que suelen surgir cuando nos iniciamos en esta disciplina.

¿Es ética la curación de contenidos?

Muchas personas se confunden y piensan que la curación de contenidos no es ética porque creen que están robando material de otra persona para crear el suyo. Eso es totalmente falso, siempre que cites a la fuente original y no tomes textualmente grandes porciones del contenido que estás curando. Y no lo decimos nosotros, sino las leyes de derecho de autor de países como Estados Unidos de América, que se refiere a este punto con el término *fair use* o "uso justo" en español. *El fair use:*

> *Es la doctrina que permite que extractos de material con derechos de autor puedan, bajo ciertas circunstancias, ser citados textualmente para propósitos tales como: crítica, información periodística, parodia, enseñanza e investigación, entre otros, sin necesidad de permiso del autor o pago al titular del derecho de autor.*

Sin embargo: no te tomes nuestras palabras como consejo legal, pues no somos abogados ni profundos conocedores de las leyes, así que, consulta en tu caso y en tu país, cuáles leyes se aplican.

La principal diferencia entre plagiar y curar contenido es que el plagio, es piratería vulgar; es decir, tomar el trabajo de alguien más y reproducirlo, sin ninguna modificación o parafrasearlo ligeramente para luego decir que tú lo creaste, sin nombrar en ningún lado la fuente original. También se considera plagio usar un contenido en su totalidad (o grandes porciones de ese contenido) sin permiso del autor, aun cuando se le de crédito al creador. En cambio, la curación consiste en utilizar pequeños fragmentos, ideas o extractos de varios trabajos, de autores distintos, que te ayuden a ilustrar o agregar contexto a tu propio contenido. En algunos casos, se dice que no puedes usar más del 20% de la obra original, pero esto varía según el formato y el tipo de contenido, así que lo mejor es averiguar bien antes de cometer un plagio accidental.

El simple hecho de que estés usando el contenido original para añadirle tu opinión o comentario, hace que la curación de contenidos sea ética. Con la curación de contenidos, estás ofreciendo a tu audiencia una perspectiva nueva y fresca acerca de un tema, un enfoque que quizá ellos jamás habrían considerado y tu perspectiva, experiencia y comentarios sobre la materia, aportan el contexto necesario para no ser considerado plagio (de todas maneras: consulta con un especialista en leyes, porque cada país, cada región y cada caso, es distinto).

Plagiar nunca puede ser una opción, ni porque creas que le estás haciendo un favor al autor original al difundir su trabajo. Tomar grandes porciones de una obra protegida, es infringir la ley, por lo que puedes terminar, en el peor de los casos, en un juzgado o en una cárcel; en el mejor de los casos, el autor se encargará de hacerte una guerra, divulgar por Internet que eres un ladrón y eso afectará seriamente tu reputación y la de tu sitio web.

Si repasamos la historia universal, podrás darte cuenta de que las personas han practicado esta técnica desde hace mucho tiempo contando historias, añadiendo sus puntos de vista o criticándolas, pero siempre, citando al autor original de esos contenidos.

Esa es la delgada línea divisoria entre el plagio y la curación de contenidos: las citas a las fuentes originales, la utilización de pequeños fragmentos únicamente y la incorporación de comentarios y opiniones propias sobre ese contenido. Así que, siempre que vayas a curar, nunca olvides hacerlo correctamente.

No tienes que sentirte consternado por este hecho; la única preocupación que deberás tener, es acerca de qué será tu nueva publicación curada.

El origen de la curación de contenidos

Ya te hemos hecho un esbozo de lo que significa y de lo que implica curar contenidos. Sin embargo, no siempre fue así tan fácil curar contenidos como lo es actualmente. Esta técnica que hoy nos permite elaborar publicaciones en tan solo minutos, tiene su origen mucho tiempo atrás, cuando ni siquiera existía Internet.

Puede decirse que el origen oficial de esta práctica vino con la aparición de los medios impresos, es decir, las revistas y los periódicos. Con la llegada de estos medios, surgieron las publicaciones especializadas en un tema, las cuales tenían como objetivo atraer a un público específico.

Con el pasar del tiempo, comenzaron a generarse cada vez más contenidos y la gente no podía leer todo lo que quería acerca de su tema favorito, porque existía demasiada información. Allí apareció la curación por primera vez, en forma de guías críticas que contenían las mejores ideas, noticias e información acerca de ámbitos específicos.

Por allá por el año 1890 había tantas guías en el mercado que a un editor de Londres, se le ocurrió la idea de hacer una guía anual de críticas donde elegía las mejores guías que existían. Se trataba de una curación a gran escala para aquella época.

Seguidamente, apareció una revista que era publicada dos veces por semana, conocida como la *Guía del Lector para la Literatura Periódica*. Este fenómeno se convirtió en un gran libro que estaba presente en cada librería pública y estaba organizado por palabras claves. Sus listas incluían el nombre del artículo, dónde y cuándo había sido publicado y un breve resumen del texto.

Esa guía de contenidos, por así decirlo, les sirvió a los investigadores para encontrar información de diversos temas en sus campos y llegó a ser publicada varias veces por año, comenzando en 1901.

Posteriormente, la curación de contenidos se hizo cada vez más popular y comenzaron a aparecer publicaciones especializadas, como la *Reader's Digest (Revista Selecciones)*, que incluía los mejores artículos del mes en ese ámbito, tomando los mejores de varias publicaciones y editándolos para una lectura más rápida y con mayor valor.

Tanto fue el auge de esta técnica que hay dos nombres que siguen resonando como pioneros de ella debido al gran éxito que tuvieron con sus publicaciones curadas. Veamos quiénes son:

① **Robert Ripley:** este escritor estadounidense comenzó una publicación de deportes llamada *Champs and Chumps (Campeones y Tontos)*, la cual venía incluida con el periódico *The New York Globe*. En ella, publicaba anécdotas que ocurrían fuera del mundo del deporte, pero que estaban relacionadas con deportistas, para lo cual se buscaba información de varias fuentes y se añadía su opinión sobre ellas. En 1919, cambió el nombre de la sección a *Believe It or Not (Aunque usted no lo crea,* en español). Esta especie de "blog" de Ripley se volvió tan popular que, en 1932 el escritor había recibido más de dos millones de cartas de sus fans.

② **Charles Fort:** este curador de contenidos se enfocó en el campo de los sucesos fuera de lo común. Durante muchos años, Fort se dedicó a recoger recortes de periódicos con artículos sobre fenómenos a los que la ciencia no encontraba explicación. Su fama llegaría con la publicación de todas estas historias en un libro que llamó *The Book of the Damned (El libro de los condenados)*, el cual vio la luz en el año 1919. El libro lo convirtió en una referencia en ese tema. A él también se le atribuye la creación de la palabra *teletransportación* y se dice que fue el primero en hablar de los secuestros perpetrados por extraterrestres.

Es imposible hablar de la curación de contenidos sin hacer referencia a estos dos grandes pioneros, quienes a través de esta técnica, lograron ser reconocidos internacionalmente. De ellos, podemos tomar dos enseñanzas clave para tener en cuenta al momento de curar contenidos:

1. **Conoce tu tema:** Asegúrate de tener un amplio conocimiento y criterio de lo que compartirás en tu sitio web o blog y ten claro el perfil del público que quieres atraer.

2. **Selecciona la información cuidadosamente:** como lo hizo Fort, recorte tras recorte, dedícate a investigar, catalogar, archivar y seleccionar lo mejor de lo mejor que encuentres del tema.

Esta práctica comenzó a hacerse popular en otros medios, como la televisión. Aún hoy, los noticieros eligen el mejor contenido para ofrecerles a sus televidentes. Ahora, con la llegada de Internet y la posibilidad de que las personas creen sus propios contenidos, la curación ha seguido su curso, hasta convertirse en lo que es en la actualidad: el presente de la distribución de la información y el conocimiento.

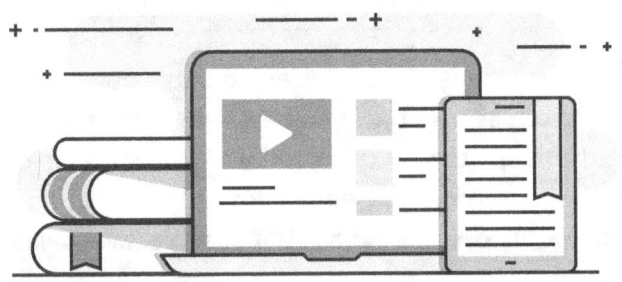

5 razones para curar contenidos

Ya te hemos explicado qué es la curación de contenidos y algunos aspectos acerca de su origen, pero igual algunos en este momento podrían preguntarse por qué y para qué curar contenidos, si se puede crear el suyo propio. Incluso, podrían pensar que tienen la suficiente creatividad y conocimiento para generar nueva información; es decir, están seguros de que no necesitan esta técnica para hacer crecer su sitio web o blog profesional.

Por eso mismo, ahora te daremos varias razones para que reconozcas las ventajas de curar contenidos y cómo podría convertirse en la mejor opción para seleccionar los contenidos de tu sitio web e incrementar las visitas:

Te convierte en un líder de opinión:

Una de las metas de cualquier persona que quiera comenzar un sitio web o un blog es convertirse en un líder en el área sobre la que escribe. Al seleccionar los mejores contenidos que encuentres sobre tu tema y agregarles tu opinión personal y perspectiva única, colocarás tu voz en una posición de liderazgo. Además, a través de la curación de contenidos, puedes crear relaciones con otras empresas, bloggers, autores o sitios web que podrán ayudarte a alcanzar esta meta, tanto con su contribución de información, como ayudándote a divulgar tu opinión.

Incrementa tu visibilidad y alcance:

Para llegar al punto anterior, primero hay que crear una base de lectores o consumidores fieles, y esto solo se consigue de una manera: compartiendo contenido de calidad consistentemente (algo difícil de hacer si solo quieres crear contenido original).

Es mucho más "fácil" y "rápido" compartir con frecuencia contenido de calidad curado, que crearlo desde cero y 100% original. Además, si curas contenidos actuales, que son tendencia en tu sector, aumentas las probabilidades que más personas compartan tus publicaciones y tu audiencia vaya creciendo; esto, acompañado de una correcta difusión de tus contenidos a través de las redes sociales y otros recursos.

Disminuye los tiempos y los costes:

Uno de los inconvenientes al momento de crear contenido 100% original es que, si quieres presentar contenido de muy buena calidad, tendrás que invertir mucho tiempo investigando y escribiendo, por lo tanto, las publicaciones que hagas podrían ser muy esporádicas, algo que no te conviene si quieres incrementar tu visibilidad con cierta rapidez. En cambio, al curar contenidos, podrías producir una nueva publicación en apenas 60 minutos (dependiendo de su tema y complejidad) y mantener siempre actualizado tu blog o sitio web. Además, tener siempre contenido fresco en tu sitio web te ayuda a identificar cuáles son los temas más populares, los que más le agradan a tu audiencia y conocer esta información te ayudará a adaptar mejor tu contenido a tu público.

Ayuda a mejorar el SEO:

Seguro habrás escuchado hablar del *search engine optimization* (SEO), la "optimización de motores de búsqueda" en español. Este término hace referencia al posicionamiento que tiene tu sitio en los buscadores cuando la gente busca sobre un determinado tema.

Por ejemplo, todos quisiéramos estar en la primera página de resultados de Google, y un factor que influye en tu posicionamiento es la cantidad de contenido de valor que compartes en tu sitio web. Una de las mejores maneras de mejorar el SEO es a través del contenido curado, creando textos de más de 1.500 palabras, añadiendo vídeos, imágenes, audios y enlaces a otras páginas de autoridad del sector.

Incrementa las interacciones sociales:

Como hemos comentado anteriormente, además de poder crear relaciones con otros sitios o personas del sector, con la curación también generas una relación íntima con tus lectores, quienes, al sentirse identificados con tus publicaciones, comenzarán a compartirlas a través de sus redes, lo que aumentará la interacción social. De esta forma, pronto comenzarás a recibir comentarios o sugerencias de temas que puedes tratar y construirás una gran base de público.

Así que, ya lo ves, curar contenidos tiene muchas ventajas. No lo dudes más y comienza a hacer tus publicaciones con esta técnica.

"¿De verdad ahorra tiempo la curación de contenidos? Me parece un trabajo demasiado intenso".

Muchos de los que se inician en esta disciplina de curación de contenidos sienten que han vuelto a la universidad o al colegio, porque se requiere un trabajo de investigación que en ocasiones, podría ser muy laborioso. Esto es cierto en algunos casos y depende de la persona que esté curando los contenidos y de su nivel de conocimiento sobre el tema.

Primero, debemos diferenciar a los curadores de profesión, cuyo trabajo es curar para otras empresas o profesionales. Es el caso de nuestro equipo Keiwebco y del equipo de Diwallia. A nosotros nos contratan otras empresas y emprendedores para que curemos contenidos, en ocasiones, de temas que no dominamos. Al no dominar el tema, debemos hacer un extenso trabajo de investigación (que puede tomar, desde un día entero de trabajo, hasta semanas de investigación) para luego poder crear una pieza que tenga sentido y así, nuestro cliente pueda agregar su opinión y experiencia personal sobre el tema (jamás le recomendaríamos a ninguno de nuestros clientes que publiquen los contenidos que curamos para ellos, sin que antes les den su toque personal y hagan las alternaciones que sean necesarias para que el trabajo se adapte a su propio estilo y voz). El trabajo de los curadores profesionales es ahorrarle mucho tiempo de investigación a quienes necesitan publicar contenido con frecuencia.

Por otro lado, tenemos a los emprendedores o bloggers que curan sus propios contenidos. En este caso, dominan el tema (usualmente) y llevan mucho tiempo consumiendo contenido de la temática de su sitio web o blog. Por lo tanto, podrían publicar contenidos con mayor velocidad y frecuencia, al llevar un registro de todo el material de excelente calidad con el que se van encontrando a lo largo de sus carreras y que podrán usar posteriormente de referencia para curarlos. Es mucho más rápido curar contenidos cuando ya contamos con una base de datos de publicaciones de muy buena calidad, que luego compartiremos con nuestra audiencia.

Cuando redactamos un contenido desde la raíz, generalmente empezamos con una pantalla en blanco, simplemente con una idea de un tema y a partir de allí, buscamos darle la mejor forma a lo que queremos transmitir. Cualquier escritor podrá confirmar que este trabajo muchas veces es extenuante y al no tener de donde "agarrarnos" (más allá que de nuestro propio banco de memoria) nos podría tomar días o semanas escribir tan solo un artículo de 1.500 palabras. Mientras que si recurrimos a la curación, tomaremos como base otros contenidos ya creados, de excelente calidad, que consideramos de mucho provecho para nuestra audiencia y por lo tanto, nos inspira a hablar sobre ellos, comentarlos, agregarles nuestra experiencia y finalmente, producir una pieza que al público le agradará y al mismo tiempo, nos dejará muy satisfecho a nosotros como curadores.

Así que en resumen: para quien no domine el tema del contenido curado y no posea un archivo de material de excelente calidad sobre el tema, la curación le podría tomar mucho tiempo. Para quienes dominen el tema del contenido curado y ya tengan material de muy buena calidad archivado para posteriormente poder ser comentado y compartido, el proceso será muchísimo más rápido que sentarse a escribir desde cero.

Tipos de contenidos que pueden ser curados

La curación de contenido no hace referencia solamente a resaltar las mejores ideas de un texto para construir otro, también existen otros recursos que se pueden curar para que tu sitio se vea más atractivo. Es decir, todo lo que sea considerado como contenido puede ser sometido al proceso que antes explicamos.

Aquí te mostramos los diferentes tipos contenidos que pueden curarse, aparte de artículos, para que veas cómo esta técnica ha venido implementándose en medios tradicionales como la radio y la televisión, incluso antes de lo que imaginabas:

Audio:

Nadie puede escuchar todos los programas de radio o todos los *podcasts* acerca de un tema en particular. Es allí donde el papel de los curadores de contenidos es fundamental, pues hacen compilaciones de audio con las mejores ideas semanales extraídas de diferentes programas, para que el usuario pueda escuchar lo mejor de lo mejor. De hecho, esta técnica ya era practicada por los DJ de las radios, quienes seleccionaban la mejor música para poner en su programa, haciendo una especie de curación musical. Cabe resaltar que los audios siempre serán una buena fuente para acompañar el texto de tus publicaciones, por lo tanto, tenlo en cuenta.

Vídeo:

Cada vez consumimos más vídeos, así que, utilízalos para ilustrar ciertos puntos en tus publicaciones. Una de las fuentes principales es YouTube, obviamente, la mayor red social para compartir vídeos en Internet. Siempre debes tener en cuenta que hay que mencionar la fuente de donde estás tomando el vídeo, para evitar acusaciones de plagio. Desde luego, no está de más que pidas autorización al autor o creador del vídeo que vas a curar.

Probablemente habrás visto algunos programas de televisión donde se usa esta técnica, como es el caso de aquellos de vídeos caseros graciosos, donde se organiza una lista de los más cómicos para mostrar al público. También están los programas de "zapping", donde te muestran lo más interesante de la semana o del mes. Esos son excelentes ejemplos de curación de vídeos.

Fotos y arte:

Si necesitas fotos o ilustraciones que te sirvan como apoyo visual en tus publicaciones, existen sitios que ofrecen imágenes gratuitas, es decir, libres de derechos de autor, para que puedas usarlas en tus artículos; por ejemplo, Pixabay.com, Unsplash.com, entre otras. Con este tipo de contenidos, también debes tener en cuenta las imágenes virales (dentro de las que se incluyen los *memes*). En cualquiera de los casos, debemos dar crédito a la fuente y asegurarnos que tenemos autorización para usar las imágenes que queramos.

Fuentes *offline*:

Hay contenidos valiosos más allá de Internet, por ejemplo, en los libros que se encuentran en una biblioteca, así como cualquier otra fuente que no esté digitalizada. Por supuesto, aunque se hallen fuera de la red, no puedes usarlos libremente sin infringir los derechos de autor, así que, siempre debes citar el origen de esa información y utilizar tan solo pequeños fragmentos a manera de comentario y opinión. En el caso de las fuentes *offline* se aplican los mismos principios de investigación que hemos usado desde hace siglos para escribir libros o tesis.

Hay mucho contenido más allá del texto que puedes usar para crear tus publicaciones curadas. Aunque hay personas que crean contenidos curados solo con vídeos o con imágenes, donde el texto es simplemente el acompañante (y no viceversa) todo dependerá del modelo de blog o sitio web que pretendas hacer.

Curación Vs. Adaptación de contenidos.

Antes de aclarar las similitudes y diferencias de estos dos términos, conviene recordar que hace tan solo 15 años, prácticamente no se hablaba (porque no se conocía ni se utilizaba) acerca de curación o de adaptación de contenidos para la web. Internet ha venido cambiando a una velocidad de vértigo y van apareciendo nuevos recursos y nuevos métodos de hacer las cosas.

Siendo todo tan relativamente nuevo, surgen dudas y confusiones a la hora de referirnos a ciertos términos. Nosotros mismos, muchas veces nos hemos encontrado usando términos de manera indistinta, cometiendo errores en lo que queremos decir.

La curación y la adaptación pueden, o no, ir de la mano, dependiendo del contexto y del objetivo. Ambas podrían tener direcciones similares, pero con objetivos distintos.

Comparémoslas para entenderlo mejor:

Curación de contenidos:

Ya hemos ahondado y aclarado este concepto en páginas anteriores, sin embargo, concentrémonos en su esencia a efectos de esta comparación. Hay tanta información en el mundo, buena y mala, que es prácticamente imposible consumirla toda. El público necesita que alguien (un profesional o una institución) filtre toda esa cantidad de información y comparta con ellos lo mejor de lo mejor. Además, quieren saber por qué se han seleccionado esos contenidos en vez de otros, y es allí donde entra la parte de los comentarios, opiniones y experiencias del curador.

Adaptación de contenidos:

Puede ser realizada a nivel de forma o formato. Cada público objetivo (cada *target*) tiene metas y necesidades distintas. Por ejemplo, todas las personas quieren ser más exitosas (a su propia manera), pero no se les puede hablar de éxito de igual forma a todas. A los deportistas hay que hablarles de cierta forma, a los emprendedores hay que hablarles de otra y a las personas de familia (madres, padres, etc.) hay que hablarles de otra. Aquí es donde debemos adaptar el contenido al tipo de público. Probablemente has encontrado un excelente artículo sobre éxito escrito por Bill Gates, pero tu público son madres primerizas; deberás adaptarlo completamente al lenguaje de tu público, porque si les hablas en términos de negocios multi-millonarios o de maneras de pensar de los titanes de negocio, perderás a tu público de madres primerizas porque no se sentirán identificadas.

A nivel de formato, cuando nos referimos a adaptación, lo que queremos es transformar el contenido de una manera que sea más fácil y agradable de consumir para nuestro público. Usando el mismo ejemplo de madres primerizas, sin cualquier intención de generalizar, usualmente las mujeres consumen mucho contenido en la red social Pinterest, por lo que nos convendría adaptar los contenidos al formato de Infografías, en vez de presentarles el contenido a través de un artículo en Linkedin. Debemos analizar cuál será el formato y medio ideal para compartir la información curada con nuestro público; aunque usemos varios canales y formatos distintos, debemos buscar adaptarlos a lo que el público más aprecie.

Tanto en la curación como en la adaptación de contenidos, se comparte un mismo objetivo: difundir la mejor información, de la mejor manera posible, según lo que nuestro público quiera y necesite.

La curación de contenidos como parte del Marketing de contenidos

El *marketing* de contenidos forma parte de las estrategias de atracción, captación y fidelización de clientes, también conocidas como *Inbound Marketing*. El marketing de contenidos consiste en crear publicaciones, bien sea en texto, imágenes, audio o vídeo, que sean valiosas para el público objetivo y distribuirlas de forma gratuita con una doble intención: atraer a nuevos clientes potenciales (prospectos) y por otro lado, fidelizar a los clientes actuales, estrechando la relación con ellos para que sigan comprando.

Dentro de este contexto, la curación de contenidos facilita la labor del marketing de contenidos, ya que, ahorra mucho tiempo y a su vez (como mencionamos anteriormente) te posiciona como un líder de opinión, además de ayudar en tu posicionamiento en los buscadores.

No debemos confundir el marketing de contenidos con la redacción publicitaria o *Copywriting*. Tampoco deberíamos considerar la curación de contenidos para crear cartas de venta ni contenidos publicitarios (más allá de aportar contexto, cuando sea necesario); esa es otra disciplina completamente aparte, con sus propias reglas y técnicas.

Generalmente, cuando curamos contenidos como parte de una estrategia de marketing de atracción, en ningún caso buscamos conseguir una venta. Se trata más bien de captar al cliente a través de la confianza, credibilidad y autoridad, para reducir al máximo su resistencia al momento de intentar cerrar una venta con él. El *Marketing* de contenidos se vincula más bien al concepto de *soft sell* (venta suave o sugestiva), donde podrías presentar la propuesta comercial al cliente, pero solo a manera de contexto y sin intentar convencerlo de adquirirla.

El principal objetivo del marketing de contenidos es **generar confianza.** Publicar contenidos de valor con regularidad crea un vínculo con tu audiencia y la curación puede acelerar y facilitar este proceso.

Como has podido comprobar, la curación de contenidos trabaja a favor del *marketing* de contenidos y facilita mucho el proceso.

CAPÍTULO II

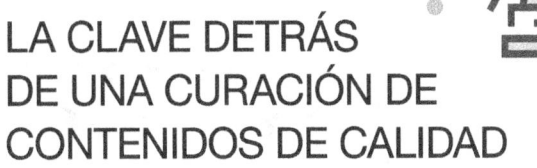

LA CLAVE DETRÁS DE UNA CURACIÓN DE CONTENIDOS DE CALIDAD

La curación de contenidos va más allá de una simple paráfrasis o una re-expresión de las ideas plasmadas en lo que estés creando. Curar significa aplicar criterios que te lleven a escoger los mejores contenidos sobre un tema, organizarlos, añadir tus opiniones y siempre hacer referencia a aquellas fuentes que te inspiraron a presentar ese contenido.

La calidad del contenido comienza por el curador.
Ser un buen curador hará que los contenidos sean de mejor calidad. Nadie se vuelve un experto en nada de la noche a la mañana y aunque practicar te volverá cada día mejor, debemos comenzar por ciertas cualidades o características a nivel mental, que te permitirán hacer un excelente trabajo. Entender perfectamente lo que es la curación de contenidos, es solo el primer paso.

Las habilidades que debe poseer todo curador de contenido

Además de aprender cómo curar contenidos, es importante resaltar también las habilidades que debe desarrollar una persona que quiera convertirse en un excelente curador. Seamos honestos: por más conocimientos o herramientas que tenga y use el curador, el éxito de los objetivos conseguidos con el contenido, dependerá también de una serie de habilidades específicas que van más allá de la curación.

Quizá ya poseas estas habilidades de manera innata y en caso contrario, puedes desarrollarlas. Aquí te mencionamos algunas de las más importantes para que veas cuáles ya tienes y sepas cuáles otras deberás desarrollar:

1 Creatividad:

Un buen curador de contenidos debe tener la capacidad de generar ideas, ángulos y enfoques distintos constantemente. Ser creativo y tener la capacidad de pensar *"outside the box"* (de manera creativa) es uno de los pilares fundamentales para curar contenidos de la mejor manera, ya que, siempre debemos hallar nuevas perspectivas y aportaciones sobre temas de los que ya se ha hablado bastante. La creatividad, al igual que cualquier otra cualidad, se desarrolla con la práctica.

Pensar estratégicamente:

Otro punto importante para ser un buen curador de contenidos es tener la capacidad de elaborar un plan y plantearse metas que contribuyan a un fin específico. Cada paso, decisión y acción debe tener un propósito. Al igual que en el ajedrez, únicamente se deben mover aquellas piezas que contribuyan al objetivo principal: jaque-mate al oponente. Con cada pieza curada, deberás definir el objetivo que se quiere conseguir y mover las piezas en base a él.

Conocimientos sobre el tema:

El buen criterio y el buen juicio se desarrollan con el conocimiento. Aunque existen muchos curadores de temas generalistas que no dominan completamente, aquellos que se especializan en un tema, generalmente curan contenidos de mejor calidad. A medida que vas consumiendo más y más contenidos de una temática en particular, irás desarrollando el juicio para determinar lo que realmente merece la pena compartir y lo que no.

Deseo de innovar:

Un buen curador de contenidos no debe tener miedo de probar cosas nuevas, por lo tanto, tampoco puede tenerle miedo al fracaso. Arriesgarnos a hacer algo totalmente distinto puede resultar en un gran éxito o en un gran fracaso. Pero de eso justamente se trata la innovación, de probar constantemente hasta encontrar algo nuevo que funcione.

Capacidad para trabajar en equipo:

Aunque muchos curadores trabajan como lobos solitarios, es muy útil saber trabajar bien en equipo, con otras personas que puedan ayudar en la generación de ideas, recolección de información, revisión y corrección, ilustración, etc.

Sentido del humor:

Una de las cualidades que no se suele mencionar mucho dentro de este mundillo, es el sentido del humor. Los mejores curadores de contenidos siempre añaden una pizca de humor o, al menos, de "ligereza" o "frescura" a sus publicaciones, ya que, eso les permite crear una conexión más personal con la audiencia. El "truco" es siempre tener en mente a un amigo o familiar cercano, al que le dedicamos el contenido que estamos curando y de esta forma, le daremos un toque sumamente personal.

Habilidades de redacción:

Por último, pero no menos importante, una persona que se dedique a curar contenidos debe tener habilidades decentes de redacción; de lo contrario, nada de lo anterior servirá de mucho. Un buen curador debe tener excelente ortografía y gramática, extrema atención a los detalles y habilidad para crear frases (por ejemplo: títulos) que capten la atención. Aunque, cuando trabajamos en equipo, otros compañeros nos ayudan a detectar errores que se nos puedan escapar (es normal, todos somos humanos) debemos tener la capacidad para defendernos solos y hacerlo bien.

Probablemente, ya posees varias de estas habilidades. Aquellas que aún no hayas desarrollado, trabájalas. Como dice Alex Kei:

> *Todo buen sastre, al inicio, fue un desastre*

Practica, comete errores con frecuencia, aprende de ellos y desarrollarás todas las habilidades que necesitarás para convertirte en un excelente curador de contenidos.

15 consejos para volverse un excelente curador de contenidos

Al igual que los mejores curadores de arte de Paris o Nueva York, el trabajo de un curador de contenidos siempre debe aspirar al nivel más alto de reconocimiento. No creo que te moleste que tus contenidos produzcan tanto interés, respeto y admiración como el que genera el trabajo de los más finos curadores de arte del mundo ¿cierto?.

A continuación, te daremos varios consejos para convertirte en un excelente curador. Aunque la verdad, no hace falta que te demos quince, si sigues únicamente este:

Domina el tema a curar, lleva un registro de todo lo mejor y practica con frecuencia.

Aún así, hemos recolectado varias sugerencias, basándonos en nuestros errores y experiencia a lo largo de los años. No somos perfectos (ni aspiramos a serlo, porque nadie lo es), pero siempre aspiramos a ser un poco mejores cada día, practicando lo que te recomendamos a continuación:

1. **Define los objetivos y la audiencia de cada contenido:** cada pieza curada tiene objetivos diferentes y en ocasiones, públicos diferentes. Debemos definir de antemano cuáles son para crear un buen contenido, que cumpla con lo que nosotros queremos y con lo que el público quiere. En ocasiones, querrás alterar un estado de consciencia del público, en otras, llamar a la reflexión; tal vez generar interés, incrementar el deseo, inspirar, entre muchas otras cosas. También debemos estar atentos si curamos para audiencias distintas, en simultáneo.

Es común que pasemos algún período de tiempo curando contenidos para un tipo de público y luego nos toca curar contenidos para otro tipo de audiencia y se nos olvida pasarnos el *switch* mental. Para no cometer este error, debemos tener muy presente a quién nos dirigimos con cada pieza.

2. **Crea empatía por tu audiencia:** el concepto de empatía puede entenderse como la capacidad de identificarse con el estado de ánimo, manera de pensar o sentimientos de otra persona. Para ser un buen curador de contenidos, deberás tener empatía con tu público objetivo, lo que implica comprender sus pensamientos, desafíos, necesidades, conflictos, etc. En pocas palabras, debes aprender a entrar en la mente de tu audiencia para identificar lo que mejor resonará mejor con ellos.

- **Desarrolla tu propia voz:** con esto nos referimos a encontrar un estilo único y original a la hora de comunicar y de compartir tu opinión. Es decir, no des el mismo enfoque o tono que otras miles de personas ya le han dado a un tema. Piensa más allá de tus límites y plantea un punto de vista que pueda sorprender (positivamente) a tu audiencia. Esto hace la diferencia entre un excelente curador de contenidos y otro que pasa totalmente desapercibido (porque se convierte en "más de lo mismo").

- **Utiliza todos tus intereses:** cuando combinamos la curación de contenidos con nuestros intereses, haremos un mejor trabajo. Por ejemplo, si estás curando sobre moda, pero te gusta mucho el cine, habla del *look* y vestuario de actores, actrices o personajes de una película. Esto le dará un carácter especial a tu curación porque te sentirás más motivado y además, lo harás más interesante para el público.

- **Crea el hábito de la opinión:** acostúmbrate a opinar de todo lo que consumes. A veces adoptamos, queriendo o sin querer, una actitud pasiva y consumimos sin digerir. Luego de consumir un contenido (o durante) debemos ir creando notas mentales sobre lo que opinamos al respecto (si estás de acuerdo, si no lo estás, porqué, cómo has usado esa información en el pasado o cómo podrías usarla en el futuro, etc.). Esto hará mucho más fácil aportar tus puntos de vista en las publicaciones que cures.

- **Reconoce lo que es oportuno y lo que es tendencia:** toda información o temática tiene un tiempo de vida y un momento correcto en el que posee algo de contexto. Debemos reconocer si es el momento oportuno para hablar de algo. Como curador de contenidos, debes poder reconocer cuándo una información es sensible al tiempo presente y cuándo se ha extinguido y dejado de ser tendencia. Esto se aplica sobre todo si escribes sobre temas de actualidad. Si por otro lado, tu contenido es *"evergreen"* (imperecedero o siempre fresco) debes trasladarte mentalmente en el tiempo y confirmar si seguirá siendo fresco dentro de un año o dentro de diez.

- **Sé meticuloso y detallista:** la atención a los detalles es el punto en el que fallan muchos curadores. No se trata de ser perfectos ni de no cometer errores (es imposible, somos humanos) pero debemos desarrollar el hábito de buscar lo que nadie busca y de prestarle atención a lo que a casi nadie le importa. Aunque el perfeccionismo es uno de los peores enemigos del progreso, debemos esmerarnos por hacer el mejor trabajo que podamos y tener conciencia que nuestros sentidos, a veces nos gastan bromas y se nos escapan detalles que debíamos haber cuidado.

- **Identifica correctamente la autoría de los contenidos:** debemos hacer nuestros deberes a la hora de identificar al autor al que le daremos crédito.

A veces es un trabajo fácil (cuando obtenemos la información directamente de la fuente oficial), pero otras veces, estaremos curando contenido curado (sabiéndolo o sin saber) y se dificulta encontrar la fuente original de una idea o concepto. Debemos investigar a fondo para descubrir quién ha sido el creador original de lo que estemos usando en nuestra publicación.

Vuélvete un genio de titulares: un excelente contenido con un titular mediocre, pasa totalmente desapercibido. Mientras que un contenido mediocre con un excelente titular, es capaz de volverse viral. Sin caer en *"click bait"* (carnadas de clicks) que lo único que causan es decepción por parte del público, ya que, el titular era tan bueno y prometedor que la persona ha detenido su mundo por un momento para hacer click, y luego se ha encontrado con un contenido que no cumple con la expectativa creada por el titular, o peor aún, no tiene ninguna relación. Con el tiempo y con la práctica, sabrás cuáles titulares funcionan mejor, pero nunca dejes de formarte y de aprender las mejores maneras de crear titulares que capten la atención del público.

No te limites a texto: muchos creen, erradamente, que curar contenido solo se aplica a escribir artículos de texto o buscar y recolectar información únicamente de artículos. Utiliza todos los formatos que puedas, tanto para curar, como para presentar el contenido curado: vídeos, infografías, audios, etc. Todo dependerá del tipo de audiencia y lo que quieras conseguir con el contenido curado. Si puedes mezclarlos en una pieza que estés curando, mejor. A las personas les encanta consumir contenidos que tengan texto, audio, vídeos e imágenes.

11. **Selecciona contenidos de diversas plataformas:** existe un universo entero más allá de Google, pero muchos lo olvidan (o simplemente, les da pereza buscar en otra parte). Podemos obtener información valiosa de muchos otros lugares, como: foros de discusión, Pinterest, Facebook, *newsletters* de email, bibliotecas públicas, inclusive entrevistando a personas. La principal misión de un curador es presentar lo mejor de lo mejor y para poder hacerlo bien, debemos investigar en muchas fuentes.

12. **Usa herramientas que faciliten el proceso:** el ser humano no sería nada sin sus herramientas. Un buen curador se vale de herramientas que le permitan mantenerse organizado, descubrir información nueva, acceder de manera rápida a los contenidos, etc. Más adelante te recomendaremos algunas de las herramientas que podrás utilizar para realizar un mejor trabajo.

- **No cometas plagio accidental:** la mente es un organismo sumamente complejo y traicionero que nos protege de peligros, pero al mismo tiempo, nos mete en problemas. Cuando consumimos mucho contenido y luego utilizamos con frecuencia cierto tipo de información, comenzamos a creernos, de manera accidental, que hemos sido nosotros los que hemos "inventado" esta o aquella idea. Aunque es normal que en determinado momento no recordemos la fuente u origen de cierto conocimiento (como nos pasa a nosotros todo el tiempo, inclusive al escribir esta guía) más vale ser ambiguos o abstractos al momento de mencionar "quién" o "de dónde" hemos obtenido cierta información, antes de declarar con firmeza que algo nos pertenece. A veces, más vale decir "autor desconocido" que "creado por MÍ!".

- **Organiza tu tiempo:** cada persona tiene su propio estilo, algunas son más organizadas y estructuradas que otras, pero todos debemos ser productivos y tener la capacidad de curar la mayor cantidad de contenido que nos sea humanamente posible. Podrías dividir el proceso por días, dejando ciertos días de la semana para consumo de contenido, otros para selección de lo mejor, otros para producción, pero también, podrías hacerlo todo en un mismo momento (obviamente, dependiendo de la complejidad de lo que estés curando). Organízate de la mejor manera y bloquea espacios de tiempo para la curación. No esperes a que llegue la musa, porque nunca llegará.

- **Almacena y organiza información que "podrías" usar luego:** la curación de contenidos reduce considerablemente el tiempo de producción de material, PERO el proceso de investigación y selección puede ser muy largo y tedioso. Si nuestra labor es filtrar todos los contenidos, para presentar únicamente lo mejor de lo mejor, debemos exponernos a muchísima información. Por lo tanto, es muy útil cuando vamos guardando todo aquel material de excelente calidad con el que nos vamos encontrando. A veces es mientras leemos un libro en la playa, otras veces es viendo una película en el cine, quizá mientras estás echado en el sofá viendo una conferencia TED, en fin; cuando algo te parezca muy bueno, almacénalo, organízalo y úsalo cuando lo necesites.

Como puedes ver, no son trucos de magia que te harán un curador estrella de la noche a la mañana; son consejos que, si los aplicas con disciplina, harán que tus contenidos sean cada vez mejores.

7 actividades que hacen a diario los curadores de contenidos

Ser un buen curador de contenidos requiere cierto grado de disciplina, organización y rutinas para poder alcanzar los objetivos trazados. De otra forma, la actividad podría convertirse en un verdadero agobio, notándose en el resultado final.

Entendiendo que existen diferentes formas de trabajo según cada persona, y que no necesariamente hay una fórmula exacta para organizar tu jornada como curador de contenidos, te dejamos una lista de actividades que podrás tomar como referencia para organizar tu día, al menos cuando comienzas en esta actividad y hasta que encuentras lo que mejor te funcione:

1. **Revisar las fuentes de RSS:** son las siglas de *Really Simple Syndication,* que no es más que un protocolo que nos permite suscribirnos a diferentes blogs, podcasts, canales de Youtube, etc., para poder consultarlos todos desde un mismo lugar (como veremos más adelante en la sección de herramientas) sin tener que abrir cada uno de ellos, de manera individual en nuestro navegador. Al agregar diversas fuentes de información en un lector de RSS, podremos

revisar los nuevos contenidos que van publicando aquellos sitios web de referencia o personalidades de autoridad de nuestro sector y así, poder descubrir nuevo material de calidad para ser curado. Es como leer una "revista" con material de diferentes fuentes distintas (que nosotros mismos hemos seleccionado, por ser de mayor calidad en nuestro sector) que nos mantiene siempre actualizados y con un flujo constante de ideas para curar.

Seleccionar los mejores contenidos encontrados en las fuentes de RSS: cada día extraeremos lo mejor de lo mejor y lo organizaremos en la herramienta que usemos para organizar los contenidos a curar (en nuestro caso es Evernote y Pocket). Probablemente haya días en los que no haya nada digno de ser seleccionado y catalogado y aprovechamos para ponerle orden a lo que hayamos guardado con prisa en otro momento.

Leer, leer y leer: de arriba abajo, dos o tres veces, lo que tengamos guardado. Es imposible extraer lo mejor de lo mejor si no lo leemos. A veces, ni siquiera se trata de leer, sino de ver un vídeo varias veces o escuchar un podcast con auriculares, en un cuarto oscuro, sin que nadie nos moleste. Si consumimos el contenido mientras hacemos algo más, se nos escaparán las pequeñas joyas que hacen que valga la pena curar ese contenido.

- **Escribir notas y reflexiones de los contenidos consumidos:** es bastante común que debamos detenernos a mitad (o en cualquier otra parte) del contenido que estamos consumiendo, para tomar notas o escribir algo que se nos acaba de ocurrir al respecto. Otras veces, esto lo hacemos luego de la segunda o tercera pasada que hacemos al contenido. Debemos inyectar parte de nuestra opinión y lo que consideramos importante destacar de ese contenido.

- **Extraer citas y fragmentos importantes:** aquí es cuando comenzamos a "copiar y pegar" todo lo que incluiremos textualmente en los contenidos que vamos a curar. Recuerda que son pequeños fragmentos, pequeñas frases; lo que irá entre comillas junto al nombre de la persona o publicación de donde lo hemos extraído. También podremos comenzar a escribir nuestra opinión al respecto, la que compartiremos con el público, para tener parte del trabajo realizado cuando nos sentemos a redactar.

- **Redactar:** aunque el formato final sea un audio, una imagen o un vídeo; debe haber un "guion" escrito del contenido curado. Aquí es donde le damos forma a la pieza que será publicada, donde incluimos todos los elementos que harán de ella algo digno de consumir y compartir. A veces redactamos una única pieza en un solo momento, mientras que otras veces, vamos redactando, poco a poco, varias piezas en simultáneo.

7. **Revisar y volver a hacerlo:** luego que la pieza ha sido terminada, debe pasar por la rigurosa labor de detectar errores e incongruencias. Como hemos mencionado anteriormente, la mente nos suele gastar bromas, nos vuelve "ciegos" ante ciertos errrores (¿Has visto esa "r" adicional en la palabra "errores"?) y debemos ganarle el juego a nuestros sentidos, para que cuando llegue el momento de publicar, todo esté correcto.

No todos los días se publica, por eso no lo incluimos en las actividades diarias. Dependiendo del caso, podríamos agregar la tarea diaria de someter los contenidos a aprobación de editores, clientes u otros miembros del equipo, pero es distinto para cada quien.

Como puedes ver, el trabajo diario de un curador de contenidos es metódico y nunca se detiene, ya que es la única forma de ofrecer información actualizada y oportuna a la audiencia. Solo debes organizar tu tiempo, ponerte a trabajar y encontrar la fórmula que te funcione mejor.

> **La clave para una excelente curación de contenidos, podría resumirse de esta manera:**

- Conocimiento sobre el tema;
- Reconocimiento de las figuras (y publicaciones) de autoridad del tema;
- Lectura (o consumo) constante sobre el tema;
- Buen criterio y buen juicio para seleccionar lo más relevante;
- Organización de la información más relevante para fácil utilización;
- Conocimiento del público objetivo para poder darle lo que más quiere o necesita;
- Práctica constante para hacerlo cada vez mejor;
- Adaptarse y mejorar según el *feedback* que se vaya obteniendo por parte del público.

Todo esto hará que, poco a poco, te vayas volviendo un excelente curador de contenido.

ADENTRÁNDONOS EN EL PROCESO DE CURACIÓN DE CONTENIDOS

Consideramos que no existe un único método, técnica o estilo de curar contenidos; cada persona lo hace a su manera, siempre intentando seleccionar la mejor información posible para el tipo de público que quiere alcanzar.

Para los que se inician, hemos preparado unas directrices que facilitarán el trabajo y que podrían servir de mapa a la hora de componer las piezas de información en las que se trabaje.

Primero conviene mencionar que existen dos maneras principales de curar contenidos: la corta y la larga.

Veamos cuál es la manera corta y la manera larga de hacer curación de contenidos:

La manera corta:

Quizá ya lo estás haciendo y ni siquiera lo has considerado como curación de contenidos. Cada vez que compartes un *link* en tus redes sociales, sobre cualquier contenido que te haya gustado o parecido interesante y donde reflejas tu opinión, así sea a través de un simple *"¡Qué bueno esto!" o "¡Qué locura! ¿A quién se le ocurre hacer algo así?"* estás haciendo curación de contenidos de manera corta. Aunque muchas personas lo hacen por diversión, en sus momentos libres y cuando pasan el rato en las redes sociales, ten en cuenta que lo que realmente está sucediendo, es una curación de contenidos. Cada vez que nos logueamos en Facebook, Twitter, etc., vemos un montón de contenidos en nuestro muro o línea de tiempo y únicamente compartimos aquellos que mas nos gustan o que consideramos, de una forma u otra, dignos de ser compartidos con nuestros amigos y seguidores. Aunque técnicamente es solo "compartir", estamos curando lo mejor que encontramos en nuestro muro.

> **La manera larga:**

Es la que hemos estado abordando en esta guía desde el inicio. Consiste en la recopilación, filtración, organización, comentario y publicación de los mejores contenidos sobre un determinado tema. Se realiza creando nuevas publicaciones, valiéndose de distintas fuentes y aportando nuestra opinión y comentarios al respecto. Claro está, tú decides qué tan largas y profundas serán las publicaciones. Si quieres hacer una aportación ligera sobre el tema, con un artículo de unas 600-700 palabras bastaría, o el equivalente a un vídeo o audio de unos 3-4 minutos de duración. Sin embargo, para que puedas aportar el mejor valor, compartiendo la mejor información y consiguiendo que tu audiencia obtenga un gran beneficio de lo que compartes con ellos, nosotros sugeriríamos contenidos de alrededor de 1.500 palabras o su equivalente en vídeo o audio, unos 8-10 minutos.

Lo interesante es que puedes combinar la manera corta con la larga. En ocasiones compartirás con tu público enlaces a otros contenidos con un muy breve comentario sobre lo que estás compartiendo con ellos y, en otras ocasiones, compartirás con ellos tu contenido curado, en toda su extensión.

La manera larga de hacerlo puede tomar muchos abordajes distintos y como hemos dicho al inicio, no consideramos que exista una única manera de hacerlo. Dicho esto, te proponemos un proceso de 4 pasos para que tengas el mejor impacto posible en tu curación de contenidos.

4 pasos para un proceso de curación efectivo

Todo comienza con la idea de lo que queremos publicar, bien sea un artículo, un vídeo, un audio o inclusive una *masterclass*. Luego de haber definido el tipo de contenido, conviene que tengamos una idea bastante clara de la temática y el enfoque que le daremos. Aunque algunos curadores comienzan por definir el título de la publicación, nosotros aconsejamos tener simplemente un título de referencia, que nos sirva de norte para lo que redactaremos.

Podríamos crear un título tentativo o temporal para basar la curación, por ejemplo: "Cómo curar contenidos de manera efectiva". Eso nos mantendrá enfocados en crear una pieza que hable principalmente sobre la manera correcta de curar contenidos, pero luego de haberla redactado, podríamos cambiar el título por el que será el definitivo: "4 pasos que te ayudarán a curar contenidos de la mejor manera".

Luego de haber definido la temática, iniciaremos el proceso de curación a través de los siguientes pasos:

Seleccionar los mejores contenidos:

De más está decir que debes leer e investigar mucho sobre el tema, porque tu trabajo consiste en convertirte en una especie de filtro y evaluar toda la información recolectada, para decidir cuál será la que más beneficiará a tu público.

Para ayudarte en esta tarea, puedes hacerte a ti mismo varias preguntas acerca de la información que irás recolectando:

- *¿La he encontrado en sitios de autoridad?:* Con la idea de ofrecerles lo mejor a tus lectores, debes asegurarte de usar información extraída de fuentes confiables. Esto quiere decir, que trates de buscar información creada por sitios web o autores con experiencia en el tema que estás curando. Siempre intenta determinar si lo que has seleccionado, es un contenido original de una persona o autoridad del sector, en vez de ser sacada de otro sitio web o blog que ha curado información de otros. Suele suceder y si no dominas el tema o no conoces quiénes son los autores o sitios web que realmente dominan el tema, puedes acabar curando contenido curado o peor aún, contenido plagiado de otras fuentes. Para que esto no te ocurra, puedes copiar el título del contenido que hayas seleccionado y buscarlo en Google, revisar sus fechas de publicación, comparar los contenidos de los resultados e intentar descubrir la fuente original. A medida que más te vayas metiendo en el tema y más vayas leyendo de varias fuentes, más fácilmente sabrás identificar las fuentes más confiables.

- *¿Ofrece el contexto adecuado?:* Cuando curamos contenidos, parte de lo que buscamos es una base en la cual apoyarnos para desarrollar nuestras propias ideas. Por lo tanto, el contenido que seleccionemos debe ayudarnos a eso y así poder aportar nuestras propias ideas y experiencia. En otras ocasiones, lo que necesitamos es ilustrar lo que queremos transmitir y para eso usamos la opinión o experiencia de otra/s persona/s como contexto y así ayudar al lector a absorber mejor la información. Si el contenido distrae, se va por la tangente o quizá, es demasiado profundo para nuestro público, debemos descartarlo.

- *¿Mi público ya tiene algún tipo de conocimiento sobre esto?:* Para poder enfocar de manera correcta la pieza que estés creando, deberás ponerte en los zapatos del público objetivo y determinar si lo que compartirás con ellos, es quizá, demasiado avanzado o por el contrario, demasiado básico. Al definir tu audiencia, tendrás una noción del tipo de información que ellos manejan al respecto y podrás tomar mejores decisiones acerca de los contenidos que curarás para transmitir lo que quieres.

- ***¿La información es realista y verídica?:*** A veces sucede que encontramos una pieza de información interesante, que ha sido traducida de otro idioma y la persona que la ha traducido, se ha perdido en la traducción. Hay autores que usan sarcasmo, ironía o un lenguaje sumamente coloquial, que únicamente entenderían a la perfección nativos de ese idioma y al traducirse, se le cambia por completo el sentido original. Por esto, es importante contrastar la información con otras fuentes y determinar si hay diferencias de opinión o si más bien, hemos entendido mal algo. Aunque actualmente, en el mundo que vivimos, muchos periodistas y otros responsables de transmitir información, prefieren ser rápidos (publicar lo antes que sea posible) en vez de ser confiables (publicar lo que es verdadero, en vez de lo que más venderá) debemos tomarnos nuestro tiempo para verificar si lo que estamos curando, es fidedigno y digno de ser compartido con nuestra audiencia.

Cuando te hayas asegurado que has seleccionado los mejores contenidos, los que te ayudarán a transmitir lo que quieres y los que tu audiencia encontrará de mayor valor, entonces puedes pasar al siguiente paso.

Organizar los contenidos:

Aunque la curación de contenidos puede ayudarte a crear mucho más rápidamente (y frecuentemente) también es importante tener en cuenta que podría volverse muy fácil ahogarnos entre toda la información recolectada. Luego de haber pasado la información por el filtro de preguntas que compartimos contigo en el punto anterior, lo siguiente es organizar los contenidos.

Más allá que hablar de herramientas (porque existen miles, como: Pocket, Evernote, Feedly, Curata, OneNote, etc. y más adelante te recomendaremos algunas) lo verdaderamente importante es la jerarquización de los contenidos. Algunas veces seleccionas una pieza tan solo por una frase que te ayuda a ilustrar lo que quieres transmitir, otras veces quieres citar un párrafo entero de una publicación, mientras que en otras situaciones, el contenido seleccionado será la base central del contenido que estés creando.

También te conviene organizar la información por formatos: vídeo, texto, audio e imágenes. Te encontrarás en circunstancias en las que deberás ver un vídeo de varios minutos para extraer simplemente una idea central, para poder usarla en el contexto de lo que estás creando y citar una o varias frases de lo que has escuchado en ese vídeo.

Cada persona tiene su propio estilo, algunas son

más organizadas que otras, algunos prefieren organizar la información en físico (papel) mientras que otros usamos exclusivamente herramientas digitales, pero independientemente del estilo, te sugerimos que crees carpetas o proyectos separados por cada pieza que estés curando.

En nuestro caso, solemos usar mucho la herramienta Evernote. Allí creamos *"Notebooks"* (cuadernos) por cada pieza que estemos creando y vamos agregando "notes" (notas) de cada artículo, vídeo, enlace, etc, que vayamos recolectando en Internet (organizados por el tipo de formato) y de esta forma, es más fácil acudir a la información al momento de redactar nuestro propio contenido.

Con la práctica y con el tiempo encontrarás la manera que a ti te funcione mejor; intenta ser lo más organizado que puedas para que el trabajo pueda ser realizado en el menor tiempo posible y sin agobio.

Hacer notas, comentarios y opiniones acerca de los contenidos seleccionados:

Este es probablemente el punto más importante de la curación de contenidos, pues es lo que conecta al público del contenido curado, contigo. Por ejemplo, podrías decir que lo creaste porque ese problema te afectaba y encontraste su solución, o podrías contar de qué forma el contenido que estás curando, te ayudó a estar en una situación mejor que la que estabas antes. Eso hará que el lector se identifique contigo, quizá porque comparten la misma situación.

Por otro lado, el lector podría sentir que te preocupas por él y que por eso has seleccionado ese contenido, tal como si estuvieras compartiendo algo con un amigo acerca de un tema y le dijeras: *"mira este artículo que a mi me ayudó en 'esto' y 'aquello' a superar 'eso' porque 'X', 'Y' y 'Z'"*

Al añadir tu opinión y experiencia sobre el tema, habrá personas que coincidan contigo y otras que no. Esto es muy importante a la hora de curar contenidos, ya que, los que están de acuerdo con tu opinión, seguramente comenzarán a verte como una figura de autoridad en el tema, mientras que los que no estén de acuerdo contigo, quedarán excluidos de tu público y de hecho, eso es lo que queremos (segmentar al público, atrayendo a aquél que más nos conviene y ahuyentando al que no queremos).

Darle forma al contenido:

Generalmente comenzamos con una introducción del tema, para luego pasar a hablar de la importancia del mismo (por qué le interesará al público), posteriormente tocamos la problemática o desafío que representa

CAPÍTULO III - Adentrándonos en el proceso de curación de contenidos.

(la causa del dolor o el agente que incita al cambio) y presentamos posibles soluciones o alternativas que harán la vida de tus lectores (o el negocio o lo que sea) mejor que antes de haber consumido el contenido. Dentro de todo eso vamos aportando nuestra opinión y experiencia sobre el tema para, finalmente, cerrar con una conclusión de lo abordado. Todo esto se puede presentar usando referencias al contenido curado, en sus diferentes formatos.

Para que tu público se enamore de tus contenidos, tienes que hacerlos atractivos, amenos, usando varios elementos para mantener cautiva su atención.

Recuerda que es muy importante, siempre hacer referencia a la fuente en cada contenido curado que vayas a publicar. Si no lo haces, podrías estar incurriendo en delito de plagio de contenidos. Solo basta con añadir en cada frase, cita, imagen, etc, que utilices, el nombre del autor o de la publicación de donde la has extraído y de preferencia, enlaza al contenido original (no tengas miedo de enlazar a otras páginas. Tu público te lo agradecerá y a los buscadores les encantará que estés enlazando a otras páginas de autoridad de tu sector).

Nosotros recomendamos usar una plantilla de contenido para que todas las publicaciones siempre tengan el mismo formato y que lo único que cambie, sea el contenido. Veamos este ejemplo:

Introducción al tema: aquí damos un contexto inicial que pone a la audiencia en la posición para entender de lo que hablaremos.

 Razón de ser: el motivo por el que estamos creando el contenido, su importancia y lo que representa.

 El problema: lo que afecta, frena, desestabiliza, inquieta, inhibe, etc., al lector. Lo que hace que su vida (negocio, etc.) necesite un cambio.

 Referencias: aunque podrán ir en las diferentes partes de contenido (introducción, razón de ser, problema, etc.) creamos una sección específicamente dedicada a lo que opinan o recomiendan expertos o especialistas en el tema, citándolos y siempre agregando el enlace hacia la fuente original.

 Comentarios: incluimos ejemplos personales o experiencias acerca de esas referencias (probablemente ya implementamos lo que esos expertos recomiendan y podemos dar nuestro punto de vista o usamos la experiencia ajena para comentar al respecto).

 Conclusión: es aquí donde cerramos el contenido, recordando el mensaje central (la "moraleja de la historia"), incitamos a la acción (que usen el conocimiento adquirido) y posteriormente, dependiendo de la manera que hayamos citado a las fuentes, podríamos crear un área de referencias para que las personas consulten más al respecto.

A pesar de que luce como un proceso complejo, con la práctica y dominando el tema del cuál estás curando contenido, verás que eres capaz de crear nuevas piezas de información en un tiempo inferior al que te tomaría sacarlo todo exclusivamente de tu mente.

Ejemplo de un artículo curado que sigue la plantilla mencionada anteriormente

Queremos mostrarte un ejemplo de artículo curado que sigue el formato explicado en el paso N°4 del proceso de curación:

INTRODUCCIÓN – RAZÓN DE SER – PROBLEMA – REFERENCIAS – COMENTARIOS – CONCLUSIÓN.

Úsalo únicamente a manera de referencia. Nosotros mismos alteramos muchas veces esa estructura, dependiendo del tipo de contenido que estemos curando y no siempre resulta en una pieza que sigue esos elementos, en ese orden. Sin embargo, esperamos que te sirva para tener una idea sobre cómo seguir una "plantilla" de contenido y te proponemos que hagas el ejercicio de identificar a lo largo del artículo, cada uno de los elementos sugeridos.

Formato: Artículo para blog.
Título: ¡Protégete! Usa los fondos de emergencia como salvavidas.

En toda familia, siempre habrán momentos en los que ocurran situaciones inesperadas que nos obliguen a hacer "magia" para aparecer dinero que no tenemos. Una avería en el auto, una emergencia médica con los niños, una multa con la que no contábamos, etc. Los llamamos gastos imprevistos, pero en realidad, son "desestabilizadores de la paz mental", mejor conocidos como "rompe-bolsillos".

Te ha pasado a ti; me ha pasado a mí; les ha pasado a todos. Es por eso que he querido compartir contigo esta información sobre fondos de emergencia y así, poder ayudarte a prepararte para esos momentos indeseados.

La mayoría de nosotros, no solemos tener la costumbre de apartar un cierto porcentaje de nuestros ingresos para este tipo de eventos que a nadie le gusta afrontar, pero cuando se presentan, deseamos haber sido más inteligentes y precavidos. Vernos en esa situación y solamente poder decir: "...es que nos tomó por sorpresa" o "no imaginamos que algo así nos podría suceder", es señal de imprudencia y falta de planificación financiera.

Para que no cunda el pánico en esos momentos, debemos recurrir a nuestro fondo de emergencia.

Pero ¿Qué es un Fondo de Emergencia?

Según la página web Proahorro.com (*link* aquí) el fondo de emergencia es: *"una cantidad de dinero, en una cuenta remunerada o depósito, al que puedas acceder fácil y rápidamente y que solo se utilizará en caso de emergencias o gastos imprevistos muy elevados"*. Como puedes ver, su único propósito es existir y luego hacer acto de presencia, únicamente en aquellos momentos en los que nos sentimos ahogados económicamente.

No, no debe ser usado para remodelar la casa; no, no debe ser usado para hacer el viaje que tanto te mereces; no, no debe ser usado para comprarle el juguete que tanto quiere el niño. Es solo para emergencias.

Nadie puede predecir el futuro y siempre surgirán muchas situaciones que ameriten dinero extra; si no te has preparado para esos momentos, entonces tendrás que endeudarte, vender bienes a los que les tienes aprecio (o que realmente necesitas y te harán falta luego de venderlos) o pasar por un mal rato y un gran disgusto al no poder afrontar el gasto inesperado.

¿Qué cantidad debes guardar en tu fondo de emergencia?

El monto lo decides tú, pero va a depender de los ingresos y gastos que tengas cada mes, y de lo estable que pueda ser tu fuente de ingresos.

La experta en finanzas personales, Suze Orman, en entrevista con la cadena CNBC (*link* aquí) recomienda: *"debes tener al menos 8 meses de ingresos. No seis meses, tampoco tres; debes tener 8 meses de ingresos ahorrados para casos de emergencia".*

Para muchas personas, disponer de ocho meses de ahorro para emergencias representa un gran esfuerzo y sacrificio. Digamos que sueles ingresar cada mes 1.000US$. Eso quiero decir que necesitas un fondo de emergencia de 8.000US$. Aunque parezca mucho y tome, probablemente, dos o tres años conseguirlo, tiene sentido si pensamos en la posibilidad de perder de manera repentina nuestro empleo o peor aún, si llegara a surgir una enfermedad grave (o inclusive, fallecimiento) de un familiar.

El especialista en finanzas, Dave Ramsey (*Link* aquí) recomienda: *"Si tienes deudas, primero que nada, sal de ellas. Haz un plan para liquidarlas y ejecútalo. Después, elige el producto financiero en el que te conviene más depositar tu dinero. Recuerda que la idea es que puedas tener la disponibilidad de acceder a él en el momento que lo desees".*

Según mi experiencia, esta es la parte más difícil. Todos tenemos deudas, bien sea una hipoteca, tarjetas de crédito o un préstamo personal que solicitamos para arreglarle los dientes a la niña. Lograr salir de las deudas puede tomar varios años y no nos conviene pasar tanto tiempo sin un fondo de emergencia. Yo te recomendaría dividir en 60-40 el dinero que dispongas para tu estabilidad financiera y mental futura: 60% para pagar las deudas; 40% para meter en el fondo de emergencia. Fue así como yo conseguí pagar mis tarjetas de crédito (que sumaban más de 12.000US$ en deuda) y al mismo tiempo, construí mi fondo de ocho meses de ingresos, para cualquier eventualidad. Todo el proceso me tomó poco más de 3 años.

Si ves que tu cuenta va incrementándose y no ha surgido la necesidad de hacer uso de ese dinero, entonces toma un porcentaje de él para invertirlo en algo que te genere ingresos adicionales, como podría ser un negocio, acciones en la bolsa o planes de ahorro certificado.

Lo importante es que empieces hoy. Te costará (poco o mucho, dependiendo de tu estilo de vida, ingresos y

> gastos fijos) pero valdrá la pena. Nunca sabrás cuando lo imprevisto toque a tu puerta. Recíbelo preparado con un fondo de emergencia, para que no sufras y puedas asumir, prácticamente, cualquier situación económica de emergencia que aparezca.
>
> **Fuente:** Proahorro.com; cnbc.com; daveramsey.com

Este artículo de ejemplo nos tomó alrededor de 40 minutos crearlo, considerando que ya teníamos archivada información sobre fondos de emergencia y finanzas personales. Solamente tuvimos que recurrir a nuestro archivo, buscar los artículos que se enfocaran en este tema específicamente y luego darle forma, citando a las fuentes, haciendo comentarios e incluyendo nuestra propia experiencia, para así, compartir con la audiencia el mejor consejo sobre fondos de emergencia.

CAPÍTULO IV

DIFERENTES MODELOS DE CURACIÓN

Para este momento, ya tienes claras las bases, el alcance de la curación de contenidos y las tareas cotidianas al efectuar esta labor. Ahora, ¿existe alguna manera de "acortar" el camino y eliminar parte del proceso creativo?

Sí que la hay. Aunque un buen curador no intenta tomar atajos, ni mucho menos eliminar la creatividad que el trabajo exige, también debemos ser realistas y aceptar que nos encontraremos muchas veces con una carga de trabajo superior a la que nos complace llevar.

Como habíamos mencionado antes, la clave para lograr el éxito de un blog o un sitio web es generar contenido constantemente y mantenerse siempre presente en la red. Al mismo tiempo, no siempre estamos inspirados o con la energía suficiente para hacerlo consistentemente; allí es donde entran los diferentes modelos para la construcción de contenidos curados.

Cuando hablamos de "modelos", nos referimos a estructuras o "plantillas" (también les llamamos a veces "esqueletos") que han sido probadas y comprobadas que al público les gusta.

Seamos honestos: poca gente lee realmente los contenidos que producimos para ellos. Cuando las personas pasan el rato en sus redes sociales y alguno de sus contactos comparte algo, generalmente lo que sucede es que, si el titular y la imagen del *link* captan su atención, entonces le dan "Me gusta" y ¡nunca llegan a hacer click para ir al sitio web y leerlo!

Es frustrante, lo sabemos; a las personas les encanta darle "Me Gusta" a algo que ni siquiera han leído y tampoco saben si realmente les gusta. Pero tengamos esto en cuenta: las personas le dan "Me Gusta" al tipo de contenido, al titular y a la imagen, así que, debemos conseguir que eso capte su atención antes que nada.

Si sientes que no te vienen ideas a la mente, elige uno de los siguientes modelos que les suelen gustar mucho a las personas por su manera de presentar la información y porque resultan muy agradables de consumir. Eso sí: debes partir de una idea sobre lo que quieres crear y la temática que vas a abordar (en eso no te podemos ayudar nosotros; debes decidir de qué será el contenido). Así que, veamos en la siguiente páginas varios de esos modelos.

El modelo del "Top 10"

Con este tipo de contenidos, la idea de hacer una lista donde se enumeren las diez mejores cosas de un área o un tema. Lo has visto muchas veces y es por una simple razón: ¡porque funcionan! Este tipo de publicaciones siempre han sido muy populares porque para los lectores, es una manera muy agradable de consumir contenido.

Al crear un *ranking* sobre algún tema y aportar tu opinión sobre cada elemento en esa lista, las personas podrán digerir fácilmente la información y crear su propia opinión o criterio al respecto.

Para que puedas hacer una de estas listas lo más rápido posible, te recomendamos seguir estos pasos (que por cierto, se aplican a muchos de los modelos que te presentaremos a lo largo de este capítulo, así que, síguelos según el caso):

- **Comienza por un título:** elige un título tentativo para que te sirva de brújula. "Los 10 mejores modelos de curación de contenidos que te ahorrarán muchísimo tiempo"; "Las mejores 10 herramientas de curación de contenidos para emprendedores ocupados"; "El TOP

10 de las técnicas más efectivas para conseguir más visitas en tu blog". Al comenzar por el título, ya sabrás lo que puedes incluir y lo que deberás descartar.

- **Crea una lista de todo lo que te venga a la mente:** sin jerarquía ni orden de importancia. Si dominas el tema, ya tienes una noción de lo que podría contener esa lista. Si no dominas el tema, procede al siguiente paso.

- **Recolecta información:** Busca en Google y en YouTube otros contenidos con una lista igual o similar. No te conformes solo con uno o dos resultados. Consume al menos 5 distintos para que tengas muchas opciones para elegir. Recuerda que al curar contenidos, seleccionamos lo mejor de lo mejor, por lo tanto, recopila lo que otras personas o instituciones (además de ti) consideren lo mejor dentro de la lista que estés creando.

- **Comienza a jerarquizar:** Selecciona cuáles serían los mejores de esa lista que recopilaste. Probablemente tengas más de diez, así que, deberás decidir cuáles serán los mejores.

- **Haz una introducción:** ya teniendo la lista, puedes comenzar a escribir la introducción acerca de por qué realizas esa publicación; la motivación, la importancia y el uso que se le puede dar a esa lista.

- **Aporta tu opinión:** como siempre, debes ofrecer tu opinión acerca del tema y de los elementos de esa lista. Debes escribir por qué piensas que esos elementos que elegiste, se merecen estar en el TOP 10 de dicha categoría. Puedes apoyarte en opiniones de otros expertos cuando consideres que no tienes muy claro el porqué (ejemplo: *"según Steve Jobs, esta herramienta era imprescindible para mantener un elevado nivel de calidad en sus productos"*).

- **Cierra con un pensamiento o reflexión final:** luego de enumerar el TOP 10, debemos cerrar el contenido con algún tipo de pensamiento final. No hace falta que sea demasiado extenso porque igual sabemos que la gente lo que quiere, es saber cuáles son las mejores diez cosas acerca de algo y no hay mucho más que le podamos aportar luego de haberles mostrado la lista.

Si por alguna razón, no consigues suficiente información para llegar a diez, puedes reducir la lista a: "el TOP 5", "los 3 mejores….", siguiendo los mismos pasos explicados anteriormente.

Como te hemos dicho antes de enumerar la lista de pasos, estos se aplican a muchos de los modelos que te presentaremos a continuación, por lo que solo deberás adaptarlos según el caso.

El modelo de "7 consejos para..."

Al igual que el modelo anterior y por las mismas razones, enumerar siete consejos (o cinco, o tres, o diez, como quieras) es muy cómodo y agradable de consumir para el público. Por eso, siempre estarán atentos a este tipo de contenidos.

La gente suele recurrir a Internet para encontrar los consejos que su círculo social directo no les puede dar, bien sea porque no están capacitados ni preparados para dárselos o porque, simplemente, prefieren recurrir a sitios especializados en el tema del cual necesitan recibir consejos.

Este modelo de varios consejos para "X" (al igual que muchos otros modelos) nos permite a los curadores usar información de diversas fuentes, extrayendo los mejores consejos que encontremos en sitios web de personas o instituciones de autoridad del sector, para comentarlos y aportar nuestra perspectiva sobre ellos.

Existen muchas maneras de hacerlo y cada curador decide lo que quiera según el caso y la necesidad. Una manera es enumerando siete consejos de siete personas distintas; otra es, mezclar los consejos de otras fuentes con nuestros propios consejos, etc. Define lo que necesitas y la información que tienes a tu disposición, para presentarle lo mejor de lo mejor a tu audiencia.

El modelo de "X razones para Z"

En este modelo, recurrimos a los beneficios y ventajas del asunto que estemos abordando, para convencer o persuadir al público de todo aquello que estemos recomendando. Considerando que la curación de contenidos no se usa para vender directamente, sino para transmitir la mejor información posible, podemos usar este modelo para alterar estados de conciencia, sembrar semillas en la mente de los espectadores o simplemente, prepararlos mentalmente para alguna propuesta que les haremos más adelante.

Un ejemplo podría ser: *"10 razones por las que curar contenidos te ayudará a captar más público para tu blog"*. Con ese artículo (vídeo, audio o lo que sea que estemos produciendo) estaríamos dando argumentos para convencer a los bloggers a adoptar la curación de contenidos como parte de su estrategia de producción de publicaciones y captación de público, y luego que estén convencidos de las ventajas de esta práctica, podríamos ofrecerles un curso sobre el tema que les dará una información más detallada y precisa para curar contenidos de la mejor manera.

Otro ejemplo distinto sería: *"7 razones para dejar de comer grasas hidrogenadas o químicamente alteradas"*. En este caso, estaríamos presentando argumentos de peso, que podrían haber sido extraídos de varios blogs o sitios web del tema (recuerda: siempre dando crédito a la fuente y aportando nuestros propios comentarios) que intentarán convencer al público a eliminar este tipo de alimentos de su dieta y que facilitará, posteriormente, venderles algo relacionado con la dieta Paleo (por ejemplo).

Este modelo resulta fácil de curar porque, en cada publicación que exista del tema, siempre habrán razones o argumentos que convenzan al público de la idea que se está transmitiendo. Si analizas cualquier contenido, de cualquier autor, encontrarás varias razones para "X", así que, tu trabajo será extraer esas razones y hacer una compilación de las mejores.

El modelo de "Ventajas y desventajas de..."

Este modelo es bastante parecido al anterior, pero con la diferencia que le ofrecemos ambos puntos de vista al público, los buenos y los malos, para dejar abierta la posibilidad de que cada persona decida lo que más le convenga respecto al tema.

Nuestro trabajo de curación se ampliará, porque no buscamos únicamente razones para convencer, sino también, para disuadir. Desde luego, debemos tener muy claro cuál es el objetivo que queremos alcanzar con nuestra publicación y decidir si lo que realmente queremos al presentar desventajas, es favorecer o aumentar las bondades de ciertas otras ventajas (por contraste o comparación).

Una manera de hacerlo es presentar la opinión o puntos de vista de autores (o instituciones) rivales, que poseen opiniones distintas sobre un determinado tema (algunos apoyando la idea mientras que otros, la desaconsejan) y contrastar las ventajas y desventajas que ofrezcan cada uno de ellos.

En este modelo, podemos agregar nuestra opinión personal, según nuestra posición en relación al tema.

El modelo de Preguntas Frecuentes

Seguramente habrás visto en muchos sitios web una sección con las siglas FAQ *(Frequently Asked Questions)* que se refiere a preguntas frecuentes que suelen hacer las personas acerca de un tema, producto, proceso o cualquier otro ámbito.

El modelo de las preguntas frecuentes es relativamente rápido y fácil de crear. Una manera divertida de hacerlo es convertir contenido teórico en una especie de "conversación", en la que alguien pregunta algo y la otra persona le responde. Con cada afirmación, consejo o recomendación sobre un tema, creamos una pregunta que nos permita aportar la respuesta.

Una de las mayores ventajas de este tipo de publicaciones, es que nos ahorra tiempo en la redacción. Es mucho más fácil hacer una lista de preguntas para luego responderlas, que redactar párrafos de contenido teórico y tener que encontrar los mejores tiempos verbales, figuras retóricas, signos lingüísticos, etc. Aunque igual debemos esmerarnos en la redacción, la ilación entre las partes se hace menos extenuante al no tener que buscar siempre un nexo lógico entre párrafo y párrafo.

Cada pregunta podría ser respondida con la opinión o recomendación de un experto distinto, permitiéndonos ofrecer diversidad y frescura en el contenido.

El modelo de las opiniones de expertos

Este modelo se basa en que los expertos sobre el tema del cuál estás curando información, den su opinión al respecto. Quizá te suene familiar, pues, este modelo se utiliza mucho en televisión cuando invitan a varios expertos en un área para discutir sobre un tema de la actualidad.

Es bastante parecido al modelo de preguntas frecuentes, con la diferencia que, en este caso, se plantea un problema, necesidad o tema específico y se contacta a varios expertos para que ellos respondan con su opinión o sugerencias. Lo que hacemos es definir una pregunta específica, que podría ser, por ejemplo: *"¿Cuál es su opinión/recomendación/principal consejo sobre el impacto de los pesticidas en la capa de ozono?"*; o también: *"¿Qué le recomendaría a una persona que se está iniciando en el mundo de la música?"*.

Luego de definir el tema y la pregunta específica, se contacta a los expertos a través de email, redes sociales o cualquier otro medio de contacto. Esta es una buena manera de entrar en el radar de *influencers*, líderes de opinión, etc., y probablemente, conseguir que ellos quieran citarte o compartir tu publicación con su audiencia.

CAPÍTULO IV - Diferentes modelos de curación.

El modelo de la Entrevista

Imagínate el modelo de opiniones de expertos casándose con el de preguntas frecuentes y enfocados en una sola persona de autoridad de tu sector. Ese es el modelo de la entrevista.

Eliges el tema a tratar, seleccionas al experto o persona autoridad que quieres entrevistar, aseguras una fecha y hora, y preparas una serie de preguntas que serán de interés para tu público objetivo.

El modelo de la entrevista es, generalmente, el que usan en muchos Podcasts. El trabajo radica principalmente en definir las preguntas que le harás a tu entrevistado, poniéndote en los zapatos de tu audiencia (lo que ellos quisieran preguntarle a esa persona) y luego, tratar de conseguir las mejores respuestas.

Si quieres ser un curador hasta el extremo, inclusive, podrías curar las preguntas de esa entrevista. Bien sea que le pidas a tu público que te envíe las preguntas para que tú puedas seleccionar las mejores, como también, seleccionando las mejores preguntas que hayan hecho otros entrevistadores a otras personas del sector, para tú planteárselas a quien entrevistarás.

El modelo del *Vox Populi*

Probablemente habrás escuchado alguna vez en tu vida esa frase en latín, *vox populi*, que significa "la voz del pueblo". En televisión es utilizada para referirse al trabajo que realizan los reporteros al recoger las opiniones de quienes circulan por la calle (el pueblo) acerca de un tema determinado.

En este modelo de curación de contenidos, hacemos un trabajo similar al de los reporteros de la calle y les preguntamos a la audiencia directamente, lo que opinan sobre un determinado tema. Aunque no son opiniones de expertos (en la mayoría de los casos) son puntos de vista que invitan al debate y a la participación de otras personas.

En Internet es muy popular usar contenido generado por los mismos usuarios. Esto nos reduce mucho la carga de trabajo y nos provee de contenido siempre fresco. En el caso del *Vox Populi*, nos valemos de los mismos usuarios para recopilar ideas que podremos usar para crear contenidos más profundos y extensos.

El modelo de la caja de hechos

Conocido en inglés como *Fact box*, se trata sencillamente de presentar una serie de hechos acerca de un tema específico. No necesariamente son recomendaciones ni consejos, simplemente: hechos. Por ejemplo: *"10 hechos que demuestran que conocemos muy poco nuestro cuerpo"; "5 hechos naturales que demuestran de dónde provenimos realmente"; "Hechos insólitos que han cambiado el curso de la humanidad en repetidas ocasiones".*

Originalmente, la caja de hechos era una sección donde se recopilaban, por ejemplo, características o funcionalidades de un producto, de una institución o de una persona (se le llama "caja" por la manera que usualmente eran presentados, a través de un cuadro al inicio o al final de un artículo), pero hoy en día se usa para recopilar cualquier tipo de características, realidades o acontecimientos.

En este modelo juega un papel muy importante la creatividad, ya que, por su naturaleza, los hechos son aburridos y carecen de atractivo si se presentan (como generalmente son las cajas de hechos) enumerando característica tras característica. Es recomendable recurrir a un lenguaje que sea atractivo para el tipo de público y conviene que sean hechos que despierten intriga o curiosidad en las personas.

Cabe destacar que toda la información que utilices en este modelo de publicaciones, debe ser comprobada y verificada; no debemos inventar nada, de lo contrario, dejaría de ser una caja de hechos y pasaría a ser una serie de mitos o leyendas urbanas.

2 modelos adicionales de curación:

A continuación te presentaremos dos variantes que se salen un poco del proceso de curación de contenidos normal que hemos venido recomendando en esta guía, pero como también son una forma de curación, queremos que las conozcas:

El modelo de la lista de recursos útiles

En este caso, elegimos un tema o área en la que queramos recopilar un listado de diversos recursos, que podrían ser artículos, vídeos, herramientas o una mezcla de todo, pero en vez de crear una pieza propia, agregando nuestros comentarios y opiniones, simplemente enlazamos a las fuentes originales. Generalmente, creamos una introducción como lo hacemos con cualquier pieza de contenido curado, explicando la importancia de esa lista que compartirás y comentando en lo que te has basado para recopilarla.

Luego, procedes a colocar una lista de enlaces a otras fuentes. Por ejemplo, podrías crear una lista que sea: *"Los mejores artículos de la semana sobre el cuidado del Bonsái"*. Básicamente lo que haces es seleccionar la mejor información que hayas encontrado sobre el tema que dominas y que le interesa a tu público, y creas una especie de mini-directorio de contenidos de otras fuentes, enlazando a ellas. Este modelo se suele usar mucho en boletines por email (cuando envías emails periódicos a una lista de suscriptores con información sobre un tema), pero también se puede hacer a través de artículos en tu blog, o como es el caso de fuckinghomepage.com (un sitio web de variedades con un tono muy informal y gracioso, usando muchas palabrotas o groserías) presentando a diario, semanalmente o mensualmente una lista de enlaces a diversos contenidos de interés.

El modelo del Resumen

Curar consiste en seleccionar lo mejor de lo mejor de varias fuentes, sobre un tema, para compartirlo con el público. En este modelo, se extraen las mejores ideas de una sola pieza de contenido y parafraseamos algunas de sus partes para adaptarlas a nuestro público objetivo. Supongamos que encuentras un artículo muy bueno y quieres compartirlo con tu público. Extraes las mejores ideas de ese artículo, dejas de lado lo que no consideres sumamente importante y condensas la información, dejando únicamente el corazón y lo más esencial de la información.

Es importante conocer las repercusiones legales a nivel de derechos de autor, así que, antes de resumir cualquier contenido que le pertenezca a otra persona o entidad, conviene que te asesores con especialistas de propiedad intelectual. También es posible contactar directamente al autor de ese contenido que quieres resumir y pedirle su permiso o autorización. Es lo que suelen hacer las empresas o personas que hacen resúmenes de libros. Sea como sea, nunca olvides dar crédito a la fuente original, enlaza al contenido del autor y siempre muéstrate agradecido y respetuoso con los autores.

Lo bueno de todos los modelos de curación es que no son excluyentes uno respecto al otro. Por lo tanto, pueden ser combinados para crear publicaciones con gran cantidad de contenido. Por ejemplo, podrías combinar el modelo del Top 10 con el de Preguntas Frecuentes y crear una publicación sobre las diez preguntas más frecuentes que toda persona tiene sobre un determinado tema. No olvides que la curación de contenidos te permite flexibilidad para compartir lo mejor de lo mejor, del tema que quieras.

Hay muchos más modelos de curación de contenidos, pero estos son los más sencillos y prácticos de elaborar, para ayudarte a comenzar tu camino como curador y para que siempre tengas contenido fresco que ofrecerles a tus lectores.

CAPÍTULO V

HERRAMIENTAS QUE TE AYUDARÁN EN LA CURACIÓN DE CONTENIDOS

En este capítulo conocerás algunas de las herramientas que hacen la labor de curar contenidos, un poco más fácil y amena. Existen herramientas que tienen usos muy diversos y aunque algunas de ellas no fueron creadas pensando en los curadores de contenidos, podemos usarlas perfectamente para lo que necesitamos.

Hemos decidido dividir las herramientas en tres categorías principales:

1. **Herramientas de descubrimiento:** son aquellas que nos permiten explorar y encontrar información sobre diversos temas. Las usamos para descubrir los mejores contenidos y poder archivarlos para su posterior referencia y uso.

2. **Herramientas de organización:** nos ayudan a mantener un archivo o catálogo de contenidos, organizados por temas o asuntos específicos, para fácil acceso y consulta.

3. **Herramientas de difusión:** harán el trabajo de publicación, promoción y divulgación de nuestras piezas mucho más fácil y además, nos ayudarán a que otras personas compartan nuestras curaciones para obtener un mayor alcance.

Hay varias herramientas que podrían estar en más de una categoría (como es el caso de Flipboard, que la usamos tanto para descubrir como para organizar) e inclusive, hay herramientas que hacen las tres labores (descubrimiento, organización y difusión, como es el caso de PublishThis) así que, explóralas y familiarízate con aquellas que te parezcan más interesantes y decide por ti mismo, cuáles podrías usar en tus curaciones y qué uso les darás.

Herramientas de descubrimiento:

Pinterest (www.pinterest.com):

Muchas personas se muestran escépticas ante la idea de que Pinterest sea una herramienta de curación, debido a que es una red social de imágenes. Sin embargo, es un excelente motor de búsqueda que te permite acceder a mucho contenido. Además, te permite organizarlo a través de sus tableros, es decir, puedes crear un tablero para cada ámbito que quieras y colgar allí los links. Es una de nuestras herramientas favoritas por su facilidad de uso.

MyCurator for WordPress (www.es.wordpress.org/plugins/mycurator):

Una herramienta perfecta para quienes usan WordPress como plataforma para manejar sus blogs o sitios web. Es un plug-in que extrae artículos de toda la red que estén relacionados con tus intereses, lo cual ayuda a encontrar contenido que podría ser interesante comentar y compartir con tu audiencia.

Paper.li (www.paper.li):

Si tu prioridad es encontrar y recopilar el contenido más relevante y atractivo para los intereses de tu audiencia, esta es la plataforma que puedes utilizar. Te ayudará a extraer las mejores historias tanto de las redes sociales más importantes (Twitter, Facebook, YouTube, Pinterest e Instagram, entre otras) como de la red en general. Con esta herramienta puedes compartir contenido de un modo atractivo en tus redes sociales, puedes crear tu periódico online con tu propio contenido curado o, también, enviar ese mismo contenido a través de *newsletters* programados por ti mismo. Sin embargo, ese no sería el uso adecuado que le daría un buen curador, sino que la utilizará como periódico interno para extraer de allí los contenidos a curar. Además, te permite organizar la información con base en lo que publiquen los usuarios que marques, según los hashtags que selecciones o agregando palabras clave.

Curata (www.curata.com):

Fundada en 2007, es una de las pioneras en la curación de contenidos. Esta herramienta te asegura que encontrará contenidos que se adapten a tus necesidades. Curata revisa diversos blogs y realiza listas que se adapten a tus intereses para que luego puedas revisarlas. Una herramienta ideal para aquellas personas que están muy ocupadas para sentarse a buscar contenidos.

Quora (es.quora.com):

Esta página te permite crear una cuenta con la que podrás descubrir mucho contenido para uso futuro, tan solo añadiendo palabras clave en su motor de búsqueda. Además, tiene la opción de poder configurarla para que te notifique sobre nuevos artículos en tu área de interés, una buena manera de siempre recibir nuevas ideas e inspiración, de personas que contribuyen en esta comunidad de preguntas y respuestas.

PublishThis (www.publishthis.com):

Es una plataforma similar a Curata que es presentada como una solución empresarial. Te ayudará a encontrar contenido, te ahorrará tiempo, te dará un mayor alcance a través de las redes sociales y un número más elevado de clics hacia tu sitio web. Esta plataforma funciona como una "tienda" donde podrás encontrar contenido único, de calidad y de interés para ti o tu audiencia. Además, te ayudará a organizar de forma atractiva ese contenido y a compartirlo de la manera más efectiva con tu audiencia. Su interfaz de programación de aplicaciones (API) te permitirá compartir tu contenido curado en diversas plataformas (Twitter, Facebook, Instagram, WordPress y Pinterest, entre otras).

> **Buzzsumo (www.buzzsumo.com):**

Para tener acceso a los contenidos que más se comparten, tanto en las redes sociales como en Internet en general, puedes utilizar esta herramienta que, además, te simplificará la búsqueda del mejor contenido por temas. También, te facilitará las búsquedas por rango de fechas o tipo de contenido (infografías, vídeos, etc.), podrás establecer alertas, ver los *backlinks* y seguir a ciertos autores, entre otras opciones. Sus funciones te permitirán obtener reportes con análisis detallados de tus contenidos, encontrar influencers reconocidos en los ámbitos que te interesan a ti o a tu audiencia, saber cuándo un autor o un competidor ha publicado un nuevo contenido y cuál fue el impacto obtenido a través de una comparación detallada. Es, sin duda, una excelente plataforma.

Scoop.it (www.scoop.it):

Esta plataforma, a diferencia de las anteriores, no solo te permite acceder a una gran cantidad de contenido para curar, sino también te conecta con otros curadores. Algo que puede ayudarte a ganar experiencia y visión. Además, es fácil de usar: solo tomas la información de tu interés, agregas tus comentarios y opiniones y la publicas directamente en tu blog o en las redes sociales.

ThingLink (www.thinglink.com):

Un recurso muy utilizado por los curadores de contenido son las capturas de pantalla, con la finalidad de ilustrar una opinión o algún punto dentro de la publicación. Sin embargo, muchas veces queremos enfatizar un detalle específico de esa imagen escribiendo algo o añadiendo un link con información sobre esta. Esta aplicación nos permite a los curadores hacer eso, añadir anotaciones a las imágenes, links u otro tipo de contenido multimedia que pueda volver más valiosa e interactiva esa captura de pantalla.

Ready4Social (www.ready4social.com):

Es una plataforma con una interfaz gráfica intuitiva y fácil de manejar, desde donde puedes realizar tanto la curación de contenidos como la gestión de tus redes sociales (LinkedIn, Twitter, Facebook y Pinterest). Esta herramienta te permite incluir todos los textos que quieras y también se encarga de localizar los mejores contenidos y noticias publicados en la red a través de un motor de curación de contenido propio, lo que te ahorra horas de trabajo. Sus funciones te permiten además seleccionar contenido acerca de un tema determinado a través de palabras clave y, al igual que en las herramientas anteriores, puedes programar el contenido que publicarás en tus redes sociales y personalizar el contenido para cada una de ellas. Puedes probar su versión gratuita antes de decidirte contratar un plan con pagos mensuales.

Herramientas de organización:

Evernote (www.evernote.com):

Una de nuestras herramientas favoritas de organización. Ellos se autodenominan "tu cerebro digital" y en realidad, se puede decir que lo son. Allí vamos guardando en *Notebooks* los diferentes contenidos que encontramos sobre un tema que posteriormente vamos a curar; guardamos también imágenes, vídeos y con la extensión de Chrome de Evernote, podemos guardar fácilmente cualquier enlace que nos parezca interesa e inclusive, resaltar las partes del contenido que vamos a citar y comentar. Es sumamente útil para tener a la mano toda la información que consideramos digna de ser curada.

Flipboard (www.flipboard.com):

Es una aplicación creada para que puedas recopilar todas las noticias y contenidos que ubiques en Internet y redes sociales más populares (Twitter, Facebook, Instagram, LinkedIn y Tumblr, entre otras) y te las muestra en un agradable formato de revista digital y eso es lo atractivo de este agregador de noticias, porque puedes hojear (*flip*, en inglés) con tu dedo como si se tratara de un texto impreso. La aplicación te facilita reunir información de diversos temas y personalizar el contenido que lees. Al mismo tiempo, se conecta con tus redes sociales para que puedas, tanto visualizar el contenido que publican tus contactos y seguidores, como compartir tus vídeos, noticias y fotos con ellos. Nosotros la usamos mucho para descubrir contenido y para organizarlo en revistas personalizadas para uso interno.

Sutori (www.sutori.com):

Si en cambio lo que te gusta es contar y compartir historias de forma visual y crearlas en modo colaborativo y sin mayor conocimiento técnico, esta herramienta es la ideal. Además, te ofrece un paquete básico gratuito. Aunque fue creada para ser utilizada en un entorno de enseñanza de aula, la podemos usar para organizar nuestro contenido de curación y sobre todo, si queremos compartirlo con nuestro equipo de trabajo.

List.ly (www. list.ly.com):

Todo el mundo ha hecho una lista alguna vez, ya sea para ir de compras, tareas por hacer o cualquier otra cosa. Las listas son una manera de organizar tu vida, y en la curación de contenidos, no iban a ser la excepción. Esta aplicación te permite organizar por listas los links con información acerca de un tema (por ejemplo, los diez mejores futbolistas del mundo) y los usuarios podrán votar cuál contenido les parece apropiado y cuál no. De esta manera, sabrás lo que puede tener más impacto en tus futuras publicaciones.

Bundle Post (www. bundlepost.com):

Bundle se podría traducir en español como "manojo" o "paquete", un nombre apropiado para una aplicación que te permite crear manojos de contenidos. Puedes recoger todo tipo de información acerca de un tema (twits, fotos, videos, artículos), añadirle tu opinión y compartirla con los demás. Una manera de que los curadores puedan encontrar y almacenar contenido realmente valioso de distintas fuentes.

Feedly (www. fcedly.com):

Esta herramienta te ayuda a curar contenido de otros blogs, de manera que tengas recursos para utilizar en futuras publicaciones o simplemente tomarlo como ideas para los próximos contenidos que tengas pensado curar. Es similar a Flipboard y otras y nosotros la utilizamos para consultar diariamente lo que van publicando los blogs que seguimos y también, para mantener un archivo de lo más interesante que posteriormente curaremos.

Pocket (www.getpocket.com):

Tu tiempo de investigación y búsqueda de información es valioso y esta herramienta te ayudará a aprovecharlo al máximo. Puedes instalarla como una extensión de tu navegador y cuando navegues por Internet, podrás ir guardando los artículos o links con información que pueda interesarte para consultarlos más tarde. Puedes etiquetar los artículos y Pocket los organiza por la relevancia de los temas, a fin de facilitar su agrupación y para que puedas ubicarlos con facilidad en el futuro.

IFTTT (www.ifttt.com):

Una de las tareas más tediosas de la curación de contenido es llevar el registro de todas las publicaciones que has hecho, sobre todo para usarlas en futuros proyectos de curación, como un eBook, infografías, etc. Esta herramienta te permite pasar menos tiempo en esta tarea. IFTTT ayuda a conectar diversas herramientas entre si, permitiendo que se comuniquen entre ellas y podrías, por ejemplo, hacer que IFTTT te actualice automáticamente un documento de Google Sheets con la nueva información valiosa que vas encontrando en otras plataformas. Esta es una herramienta de automatización muy útil.

Venngage (es.venngage.com):

Otra manera de hacer curación de contenidos es tomar la información de una gran publicación y convertirla en algo visual, es decir, una infografía. Algo que antes solo podía hacerse con la ayuda de diseñadores gráficos y muchas horas de trabajo, ahora puedes hacerlo por ti mismo con esta aplicación. Venngage te permite incluso subir tu propio contenido, como imágenes o logos, de manera que la infografía quede lo más personalizada posible.

Herramientas de difusión:

Flockler (www. flockler.com):

Es una aplicación colaborativa que te permitirá combinar los contenidos que publicas en tu sitio web con las opiniones y comentarios que hacen tus lectores acerca de estos. De esa forma, puedes mantener tu plataforma actualizada constantemente. Al agregar este componente o plug-in a tu sitio web, le permitirás a la comunidad de lectores realizar sus comentarios acompañándolos de textos, fotos y vídeos, e incluso podrán subirlos desde dispositivos móviles. Puedes comenzar probando la versión gratuita de prueba antes de decidirte por un plan contratado.

The Tweeted Times (www.tweetedtimes.com):

Con esta aplicación puedes curar tu propio contenido utilizando tu cuenta de Twitter. Te permite buscar, publicar y promover el contenido que tu audiencia quiere leer y puedes clasificar cada pieza de contenido por la popularidad que tenga entre tus seguidores. Esta herramienta te ayudará con las tareas esenciales que necesitas para hacer *marketing* de contenidos, te facilita la ubicación de contenido de calidad y te ayuda a promoverlo en un formato versátil y atractivo. Además, puedes convertir tu cuenta de Twitter en tu propio periódico personalizado y agregarle las noticias más importantes de tu sector.

PostPlaner (www.postplanner.com):

Esta herramienta te ayuda básicamente a compartir tu contenido curado a través de Facebook. Suena simple, ¿cierto? No obstante, el programa te promete que el contenido se hará viral porque analiza tu cuenta de Facebook y decide cuáles publicaciones deben difundirse en qué fecha y a qué hora para que puedan lograr ese cometido. Una manera de ayudarte a conseguir audiencia a través de esta red social.

Domo (www.domo.com):

Los principales curadores de contenidos publican y comparten sus publicaciones en diversas plataformas, de manera que necesitan saber en cuál de ellas el post está teniendo más interacción con los usuarios. Esta aplicación te permite conocer en cuál plataforma debes poner mayor atención, ya que, simplifica un proceso que por lo general es complicado. En Domo, encontrarás todos esos datos de manera visual, con gráficos extremadamente explicativos.

Buffer (www. buffer.com):

Es una aplicación que te permitirá programar tus publicaciones en diferentes redes sociales al mismo tiempo (Twitter, Facebook, LinkedIn, Pinterest, Instagram, etc.) para ayudarte a mantener una presencia activa en esas plataformas sin mucho esfuerzo. Es una herramienta intuitiva, fácil de utilizar a pesar de que está en idioma inglés (al menos por ahora) y descargable en cualquier dispositivo móvil (teléfono inteligente o *tablet*). Esta herramienta tiene una versión gratuita, con limitaciones en algunos servicios, y otra premium que te da acceso a todas las funciones, incluida una representación visual de las publicaciones realizadas en cada una de las redes sociales y en cualquier rango de tiempo que quieras consultar. También te provee un análisis del comportamiento de las publicaciones en las redes sociales y una agenda para la programación de tus publicaciones. La versión gratuita te permite ingresar solo tres perfiles de tus redes, una cantidad suficiente para evaluar la herramienta antes de decidirte a contratar un plan pago.

Hootsuite (www.hootsuite.com/es):

Al igual que Buffer, esta aplicación te permite administrar diferentes perfiles en tus redes sociales (Twitter, Facebook, LinkedIn, Pinterest, Instagram, YouTube, etc.). Desde el escritorio virtual que te ofrece esta herramienta, puedes llevar el control de cada uno de tus perfiles. Su interfaz es intuitiva y puedes empezar con la versión gratuita para probar sus funciones básicas. Es una herramienta utilizada tanto por profesionales del *marketing* digital como por quienes no están relacionados con este sector. La aplicación tiene una versión web y otra móvil. Una de sus principales ventajas es la capacidad de gestión colaborativa (distintos miembros de un equipo pueden trabajar en una misma cuenta), la visualización a través de pestañas y la generación de informes avanzados mediante su integración con Google Analytics y Facebook Insights.

SocialOomph (www.socialoomph.com):

Un poco más limitada en cuanto a las redes que pueden manejarse, esta herramienta ofrece múltiples opciones en las dos redes más populares, Facebook y Twitter. También es muy utilizada por los curadores de contenidos.

Así que, ya lo ves, con este montón de herramientas ya no tendrás excusas para no comenzar a curar contenidos de la manera más eficiente y amena. Información es lo que sobra en Internet; solo hay que saber dónde buscar correctamente, y para ello son estas herramientas.

Aunque hemos compartido muchas herramientas contigo, sabemos que usarás solo dos o tres. Elige las que llamen más tu atención y las que cubran tus necesidades de curación.

A continuación, queremos presentarte otros sitios web que, aunque no son estrictamente herramientas, te proveen de algo sumamente importante para cualquier pieza de contenido que estés creando: Imágenes.

Sitios web de imágenes que podemos usar en nuestras publicaciones

El ser humano es fundamentalmente visual y si la publicación viene acompañada de una buena foto (o varias) es probable que llames mejor la atención de tus lectores.

Sin embargo, la mayoría de las imágenes que encuentras en el buscador de Google tienen derechos de autor y su utilización sin previa autorización por parte del autor puede ser considerada como plagio, lo cual podría acarrearte consecuencias legales tanto a ti como a tu sitio.

Pero no te preocupes. Debido a esto, se crearon sitios que ofrecen imágenes libres de derechos para que puedas utilizarlas a tu antojo. Veamos cuáles son los diez más populares y las características que te ofrecen:

Pixabay (www.pixabay.com):

Este banco de imágenes cuenta actualmente con más de 600 mil archivos. En ella podemos encontrar vídeos, fotografías, vectores, plantillas e ilustraciones gratuitas.

Además, permite que cualquier persona suba sus imágenes, lo que la hace una comunidad colaborativa. El único defecto que posee es que su motor de búsqueda no está refinado, así que tienes que esmerarte un poco para encontrar lo que deseas.

Gratisography (www.gratisography.com):

Este banco de imágenes, creado por el diseñador Ryan McGuire, te ofrece fotos de buena calidad. Además, se actualiza semanalmente.

Unsplash (www. unsplash.com):

Al igual que Pixabay, este sitio te permite subir tus fotos para compartirlas con el resto del mundo. Lo que lo diferencia de otras es que tiene fotos de excelente calidad, sin que sean de aquellas sumamente artificiales, típicas de los bancos de imágenes. Es una de nuestras opciones favoritas.

Splitshire (www.splitshire.com):

Es otro banco de imágenes gratuitas que puedes agregar en tu blog. Posee una opción de suscripción y, por poco dinero, te permite acceder a imágenes de mayor calidad.

Pexels (www.pexels.com):

Este banco de imágenes posee actualmente más de 1.400 fotos gratuitas. Se actualiza con treinta fotos semanales.

Open Photo (www.openphoto.net):

Este es un banco de imágenes totalmente colaborativo y depende totalmente de las fotos que suban sus usuarios.

Im Free (www. imcreator.com/free):

Esta página web no solo ofrece imágenes, sino también íconos y plantillas. Su página es estructurada, lo que hace fácil la búsqueda del material gráfico que necesitas.

Life of Pix (www.lifeofpix.com):

Este banco de imágenes se basa principalmente en fotografías de paisajes y naturaleza para que puedas utilizarlas libremente.

Morgue File (www.morguefile.com):

Este sitio web sigue el modelo de la colaboración y te ofrece una gran cantidad de fotos, aunque no todas son de alta calidad, pero es una buena opción para quien necesite fotos más "naturales" o con un aspecto mucho más simple y cercano.

Picjumbo (www.picjumbo.com):

Este es otro banco de imágenes que ofrece fotografías de gran calidad para usar en tus publicaciones. Su página web está diseñada por categorías, lo que te garantiza buscar más rápido y fácil lo que deseas.

Es importante señalar que, a pesar de que estas imágenes no tienen derechos de autor, debes seguir con el espíritu del buen curador dando crédito al banco de imágenes de donde obtuviste las gráficas, al fotógrafo o persona que haya subido la imagen al banco y añadiendo el link al sitio.

12 RECOMENDACIONES DE PROFESIONALES Y EXPERTOS EN LA CURACIÓN DE CONTENIDOS.

Desde el inicio de esta guía te hemos estado recomendando las mejores prácticas para hacer curación de contenidos de la mejor forma. En este capítulo, hemos recopilado varios consejos adicionales, provenientes de profesionales y expertos en la materia, que te ayudarán a conseguir excelentes resultados.

Nunca es conveniente ignorar los consejos o las sugerencias de los más experimentados en cualquier área, así que, préstales especial atención. Imagínate que estás sentado tomándote un café con ellos y toma nota de sus recomendaciones:

Delimita los temas y fuentes:

La variedad y cantidad de contenidos que pueden conseguirse hoy en Internet puede ser tan interesante, como abrumadora para un curador de contenidos. Si no afinas bien tu búsqueda y selección, centrándote en un propósito claro, puede ser que labor se convierta en un verdadero dolor de cabeza. Para evitar esto, la estratega de *marketing* Tiffany Monhollon sugiere que delimites tu audiencia, trabajando (casi) siempre para el mismo tipo de público, con los mismos intereses (aunque, esto puede ser bastante complicado para los curadores profesionales que trabajan para muchos clientes distintos) y eligiendo una serie de fuentes confiables, a las que puedes recurrir siempre que necesites extraer la mejor información.

El experto Matt Heinz, de Heinz Marketing, recomienda identificar un conjunto de fuentes que consideres que consistentemente ofrecen buen contenido y paralelamente, tengas a la mano otra variedad que comprenda contenidos con temas relacionados. Con el pasar el tiempo, irás creando tu base de datos de consulta periódica que, según nuestra experiencia, debería tener alrededor de 15-20 fuentes fijas, más las que irás consultando cuando necesites profundizar sobre ciertos temas. Dicho esto, no te estamos recomendando que te conformes con esas fuentes, pero conviene que tengas esta lista de consulta frecuente para que no te agobies ni consumas demasiado tiempo en la investigación. Recuerda que una de las ventajas de la curación es el ahorro en el tiempo de producción de contenidos.

Sé constante, consistente y periódico: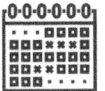

Los mejores resultados se consiguen cuando curamos contenido de manera regular y de alguna forma, predecible. Hacerlo de forma esporádica estropea nuestros esfuerzos anteriores. Aunque habrán momentos en los que necesitemos contenido puntual, en vez de regularmente, para conseguir los mejores beneficios del *inbound marketing* o inclusive, de construcción y fidelización de la audiencia, debemos curar contenidos constantemente. La periodicidad es mejor que la frecuencia. Más vale curar y publicar contenidos una vez por semana de manera constante y consistente, que hacerlo diariamente y fallar varios días. Alex Kei ha comentado en varias oportunidades que, siempre que sus esfuerzos de captación de audiencia a través de la creación de contenidos han fallado, ha sido por establecer una frecuencia difícil de mantener en el tiempo y recomienda disminuir esa frecuencia si ves que no podrás ser consecuente para que nunca falles en la periodicidad que tu público espera de ti.

Experimenta con títulos e imágenes distintas:

Como hemos mencionado anteriormente en esta guía, un buen contenido podrá pasar totalmente desapercibido si el titular y la imagen no captan la atención de la audiencia. Lo bueno de Internet es que si publicaste un contenido con un título flojo o con una imagen que no impacta, siempre tendrás tiempo de cambiarla, para que sea compartido y leído por el mayor número de lectores posible. Ally Greer, directora de comunidad y contenido de Scoop.it, recomienda probar publicando el mismo contenido, en días distintos, pero cambiándole el titular y la imagen. Al hacer esto, podremos ver la reacción de las personas en las redes sociales y lograr definir el titular e imagen ganadora. Haber escrito una excelente pieza de contenido curado no es suficiente; debes esmerarte en encontrar el mejor titular y la mejor imagen que lo acompañe, y esto solo se consigue a través de la experimentación.

Haz difusión varias veces al día:

El experto en *marketing* digital Matt Heinz, describe en su blog que, publicar en las redes sociales es como intentar lanzar un periódico al buzón de correo de una casa, desde un vehículo moviéndose a más de 50 kilómetros por hora; puede que aciertes, pero la mayoría de las veces, no lo harás. Por eso, en el caso de la difusión de nuestros contenidos a través de las redes sociales, hay que jugar a los números para lograr que una pequeña cantidad del contenido que promociones, llegue e impacte a tu audiencia. Mientras más veces publiques al día, más probabilidades de llegar a un mayor número de personas.

Hay emprendedores y bloggers que se preocupan mucho con esto de la frecuencia diaria en las redes sociales porque le temen a cansar o quemar a la audiencia, pero debemos entender que lo hacemos porque no todas las personas están todo el día en las redes. Es posible que quememos a algunos de aquellos que no hacen nada más en todo el día sino navegar en sus redes sociales, sin embargo, la gran mayoría de personas, ni se dará cuenta de nuestra elevada frecuencia diaria de publicación. Intenta hacer difusión al menos 4-5 veces al día, de contenidos distintos, a diferentes horas.

Usa todos los canales de distribución que puedas:

Muchas personas publican sus contenidos utilizando solamente sus redes sociales favoritas, pero debes ponerte por un momento en los zapatos de tu audiencia; si lo que quieres es darle mayor visibilidad y significado a tus contenidos, lo más lógico es utilizar todos los canales de distribución que puedas. Debes contemplar la posibilidad de utilizar agregadores de noticias, foros, boletines electrónicos, publicidad de pago por click, etc. No te limites a dos o tres canales; recuerda que las personas no están en todas partes y cada una tiene sus canales o plataformas favoritas donde consumen contenido. Por eso es que también es importante reutilizar tu contenido y transformar su formato. Si inicialmente creaste un artículo de texto para tu blog, conviértelo en un vídeo para las redes sociales y para Youtube, también transfórmalo en audio y compártelo como un episodio de tu podcast, etc.

Republica tus contenidos:

En este caso no nos referimos a hacer una difusión constante, en días y horas distintas. Nos referimos a republicar, es decir, a volver a subir o colgar tu contenido, como que si fuese nuevo. Toma contenido que hayas publicado hace varios meses o años atrás, bien sea en tu blog, en tu canal de Youtube, etc., y vuelve a publicarlo. Probablemente dirás *"pero las personas dirán que esto es lo mismo que ya vieron antes"* y en parte, podrías tener razón: con un pequeñísimo número de personas. A veces creemos que nuestra audiencia lleva un registro detallado de todo lo que hacemos, pero muy pocas veces es así (probablemente nadie en lo absoluto lo haga). Lógicamente debemos verificar que el contenido siga siendo actual y relevante, y en caso de que no lo sea, debemos adaptarlo. Si te suscribes a cualquiera de estos servicios ilimitados de revistas, como Zinio, Magzter, entre otros, que te permiten ver las ediciones más antiguas hasta las más nuevas de muchas publicaciones, te darás cuenta que las revistas republican varios de sus artículos en ediciones futuras.

Es normal encontrar en una revista de ejercicios un artículo sobre cómo reducir la grasa abdominal, en la edición de Marzo del 2014 y volver a ver el mismo artículo, idéntico, en la edición de Junio del 2016. Casi nadie se da cuenta y aumentamos las posibilidades de que muchas más personas se nutran de nuestros contenidos.

Fomenta la participación de tus usuarios:

Alguna vez te habrá pasado que accedes a una publicación y, en vez de leer primero el contenido, te diriges inmediatamente a la sección de comentarios para ver las opiniones de otras personas, donde se forman discusiones que resultan divertidas y en las que seguro tú mismo habrás participado. Esto suele suceder mucho en YouTube, por ejemplo. Incentiva a tu público para que comience un debate o participen en una conversación en la sección de comentarios.

Es cierto que a veces esto es un arma de doble filo, pero si tu sitio no tiene un lugar para que tus lectores se expresen, no solo estarás perdiendo visitantes, sino también, evitarás que te ofrezcan críticas constructivas que te permitan mejorar lo que haces. Las personas a veces pueden ser muy agresivas, rudas e insensibles cuando se sienten protegidos detrás de una pantalla, pero también, suelen iniciar debates interesantes que llaman a otras personas y ayudan a incrementar tu audiencia.

Permite que tus contenidos se compartan fácilmente:

Las redes sociales nos ayudan a captar más audiencia. Cualquier persona que comparta nuestras publicaciones con sus contactos, estará contribuyendo en la consecución de nuestros objetivos. Por esto, debemos hacer el acto de compartir nuestros contenidos lo más fácil y amigable que sea posible. Además de atender este detalle a nivel técnico, bien sea colocando *plugins* u otro tipo de *widget* que le permita a nuestros usuarios compartir, también debemos invitarlos activamente a hacerlo. Incluir en el propio contenido la invitación para compartirlo, aumentará un poco las probabilidades de que lo hagan. Si no pides algo, no te lo darán; no todos te darán lo que quieres, pero siempre será más alto el porcentaje de personas que compartan tus contenidos si se lo pides, que si simplemente dejas que les salga de su propia iniciativa.

Mide el impacto de tus contenidos:

La experta en *marketing* digital Heidi Cohen afirma en su blog que 40% de los curadores de contenidos no miden la eficacia de su trabajo de curación. Es totalmente absurdo ejecutar cualquier estrategia de marketing, sin cuantificar los resultados de su implementación. El medio digital nos facilita mucho el trabajo, ya que, se pueden medir prácticamente todos los resultados derivados de nuestro esfuerzo. Podemos vigilar todo tipo de métricas: fuentes de tráfico, tiempo de permanencia, interacción social, incremento o disminución de visitas o visualizaciones, ratios de click, conversiones en ventas, etc., etc., etc. Como dice el autor Tom Peters:

> *Todo lo que puede ser medido, puede ser mejorado. Lo que no se mide, no mejora.*

El abordaje de "dar palos de ciego" nunca trae buenos resultados y a nivel online, no hay excusas para no medir con exactitud todo lo que suceda, producto de nuestro trabajo de curación.

Automatiza todo lo que puedas:

Cuando el trabajo de curación de contenidos alcanza cierta escala, comienza a cobrar sentido usar herramientas de automatización que nos faciliten el trabajo y disminuyan nuestra carga. Los costes y las implicaciones de cada una de las herramientas varían dependiendo del caso, pero no se puede negar que realizar el trabajo de forma semi-automatizada (no todo se puede automatizar) nos permitirá optimizar todos nuestros recursos para un mayor alcance e impacto.

Por ejemplo, la difusión en diferentes medios, varias veces al día, debería ser automatizado. Debemos dejar que las máquinas y la inteligencia artificial realicen este trabajo por nosotros. Lasse Rouhiainen, autor del libro "Inteligencia Artificial" comenta que:

> *Desde la toma de decisiones estratégicas hasta la redacción de los correos electrónicos comerciales, la inteligencia artificial ofrecerá asistencia inteligente que cambiará los modelos operativos para siempre.*

Crea relaciones con otros curadores para alentar la promoción cruzada:

La directora del sitio Scoop.it, Ally Greer, recomienda la creación de relaciones con personas de ideas afines y temáticas similares a la nuestra. Estas pueden, inclusive, ser parte de la competencia o profesionales con ideas y público similares, *influencers*, etc. De esa forma, al compartir el contenido de otros curadores del sector, y estrechar lazos con ellos, podemos alimentar relaciones que, eventualmente, podrían convertirse en asociaciones, alianzas y promoción cruzada de contenidos. Como en cualquier relación que queramos fomentar, debemos dar antes de pedir algo a cambio. Sigue a otras personas o instituciones que compartan contenido frecuentemente (probablemente lo estén curando, aunque no lo digan abiertamente) y comparte sus contenidos en tus redes sociales (no olvides etiquetarlos para que se enteren). Haz como mencionamos en capítulos anteriores, una curación corta, aportando un pequeño comentario junto con el enlace a la publicación que estés compartiendo. No tengas miedo de llevar tráfico a otros sitios; algunos de ellos, harán lo mismo por ti.

Ten paciencia, sobre todo al inicio:

El éxito no llega de la noche a la mañana y cuando llega, nos debe pillar trabajando. No te frustres si no ves los resultados a corto plazo, porque la curación de contenidos es una estrategia a mediano y largo plazo. No puedes pretender convertirte en una fuente confiable de información luego de haber estado publicando contenido de manera periódica por tan solo un par de meses. Recordemos lo que reza un proverbio japonés:

> *La disciplina siempre vencerá a la inteligencia.*

Aplicado a este ámbito podríamos decir: "no importa cuánto talento tengas para escribir y curar contenidos; si no eres constante y paciente, no alcanzarás el éxito".

La tecnología ha hecho que queramos todo para ayer, pero hay cosas que simplemente toman su tiempo. Como dice el inversor Warren Buffet:

> *Por más que te esfuerces, nunca podrás tener un hijo en un mes, embarazando a nueve mujeres. Hay cosas que llevan su tiempo.*

Si aplicas estos consejos, comenzarás a ver como tus acciones de curación adquieren más relevancia dentro de la industria en la que te desenvuelves. No hay nada más gratificante que empezar a notar que otras personas, empresas e instituciones comienzan a hacer referencia y a compartir tus contenidos curados, porque te consideran un excelente "filtro" del buen conocimiento.

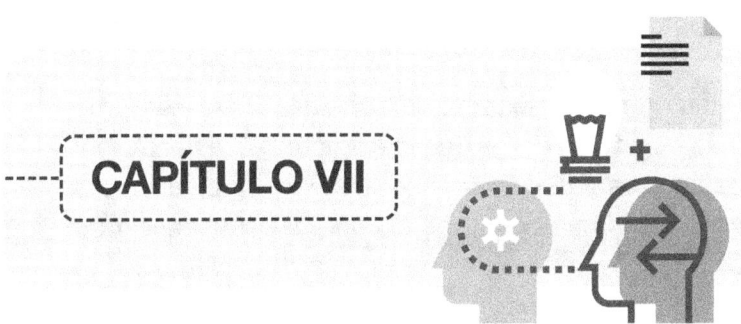

CAPÍTULO VII

CURANDO TU PROPIO CONTENIDO CURADO

Ya sabes que puedes y debes curar contenidos de otras fuentes; a lo largo de esta guía te hemos recomendado las maneras correctas de hacerlo. Ahora, en este capítulo queremos hablarte de algo que pocos suelen considerar y de hecho, algo que la mayoría de curadores suele desaprovechar: curar tus propios contenidos curados.

"¿¡Qué!? ¿Puedo curar mi propio contenido?"

Claro que puedes y debes hacerlo. Cuando has pasado meses o años curando muchísimo contenido acerca de un tema, comienzas a formar parte del problema que hemos descrito desde la introducción de esta guía: estás contribuyendo a que tu público se hunda entre tanto contenido que has compartido con ellos y para que no se pierdan, deberás comenzar a curar tus propios contenidos ya curados anteriormente.

Suena un poco extraño, lo sabemos, pero esto trae más beneficios de los que crees, tanto para tu público, como para ti. Existen varios modelos de curación de contenidos curados (¡Nos encanta la redundancia de esa frase!) y además de ayudar a tu audiencia a no perderse entre tus contenidos, te mantiene siempre presente delante de ellos y con contenido "fresco".

¡Atención! No nos estamos refiriendo a redifusión de contenidos, es decir, publicar varias veces, en días y horas distintas, tus contenidos curados. Aunque sería una manera de hacer curación corta a través de las redes sociales, asumimos que constantemente tendremos que darle difusión a nuestros contenidos, como lo haría cualquier canal de televisión por cable cuando retransmiten los programas en días distintos y horas distintas, para así, llegar a una audiencia mucho más grande. Eso no es lo que planteamos en este caso, sino extraer lo mejor de lo que ya hemos curado y transformarlo en una nueva pieza de contenido.

Por un lado, podríamos hablar de la **reutilización de contenidos;** un artículo de 2.000 palabras podría fácilmente convertirse en un vídeo para

YouTube, en un episodio de un Podcast o inclusive, en un pequeño Ebook, si le agregas otros datos de valor e ilustraciones. Aunque no es estrictamente curación sino reutilización o "reciclaje" de contenido, esto también ayuda a que cada persona consuma la información en el formato que más les guste (texto, audio o vídeo).

Por otro lado, podríamos hablar de **actualización de contenidos;** puedes elegir cualquiera de tus contenidos y crear una versión actual. Es bastante común encontrar en Internet publicaciones, como por ejemplo: *"Los mejores plugins para Wordpress en el 2021"*. Probablemente muchos de ellos sean tan buenos en el 2018 como en el 2028, pero al hacer una versión actualizada, captas la atención de las personas. En este tipo de actualización de contenidos hacemos referencia a nuestro contenido curado original y comentamos lo que se mantiene vigente, lo que ha cambiado, los nuevos intervinientes, los que desaparecieron, etc.

Además de la reutilización y actualización de contenidos, existen otros modelos que podrías usar para curar tu contenido curado. Veamos algunos de ellos:

El modelo de "Los mejores contenidos de la semana/mes/año"

Bastante utilizado en el medio de la televisión, este tipo de curación selecciona tus mejores publicaciones en un período de tiempo, bien sea a nivel de alcance, participación e interacción de la audiencia o por la opinión general recibida por parte del público. Cuando curamos contenidos, no estamos totalmente seguros de cuáles tendrán mayor éxito y cuáles serán mejor recibidos por parte de la audiencia, así que, solo después de publicarlos, es que sabremos cuáles han recibido mejores críticas. Dependiendo del tamaño de tu audiencia, podrás hacer este tipo de publicaciones de *"los mejores contenidos de..."* mensualmente, trimestralmente o anualmente.

Generalmente, empezamos la pieza con algo de contexto, haciendo una introducción a este tipo de publicaciones y aportando un argumento sobre la razón de esta selección que hemos hecho. Luego, pasaríamos a crear una lista donde colocamos el título del contenido y una sinopsis sumamente condensada de lo que trata cada uno de ellos y por qué lo consideramos tan importante como para ser incluido en esta lista. En cada título, agregamos un link a nuestro contenido curado para que la gente vaya y lo consuma.

El modelo "resumen de la semana"

Muy similar al anterior, pero en este caso, hacemos una especie de "tabla de contenidos" al final de la semana, con una lista de todas las publicaciones de los últimos siete días. No se trata únicamente de hacer un directorio con varios links, sino primero, crear una introducción explicando brevemente el tipo de contenidos que fueron curados en los últimos días, posiblemente destacando alguno en particular y ofreciendo una sinopsis de cada uno de los contenidos, para poner a las personas en contexto y así, ellas mismas, puedan decidir cuáles contenidos consumir en un determinado momento.

Este tipo de contenidos es muy amigable y fácil de digerir, porque provee de comodidad y facilidad para el usuario. Cabe destacar que este tipo de contenidos suele ser compartido con mayor frecuencia, porque las personas le suelen dar mayor valor al volumen y cantidad; con este tipo de publicaciones, estarían compartiendo varios contenidos en uno solo y es exactamente esto lo que muchas personas buscan en las redes sociales. Desde luego, el público de esas redes y los contactos de quien los comparta, deben estar interesados en la temática de tus publicaciones para que esto funcione de esa manera.

El modelo "Boletín electrónico o *Newsletter*"

Aunque publicas constantemente en tu sitio web, blog, canal de Youtube, etc., y probablemente tu audiencia consume tus contenidos en esas plataformas, el modelo de boletín electrónico realiza un resumen de lo que se ha publicado en los últimos días y se le envía semanalmente por email a los suscriptores, para que ellos decidan cuáles contenidos quieren consumir en este momento.

Imagínate que conviertes la publicación con el modelo anterior del "resumen de la semana", pero redactada en un email, en vez de en un URL de tu sitio web. Debemos recordar que la mayoría de las personas, no visitará intencionalmente nuestro sitio web a diario o varias veces a la semana, para ver la novedades; las personas están demasiado ocupadas como para hacer esto, de modo que, al enviarles el boletín electrónico con nuestras últimas publicaciones (iniciando el email con una introducción, pasando a la lista de contenidos y una pequeña sinopsis de lo que trata cada contenido) les estamos informando sobre las novedades, además de hacerles el trabajo más fácil, dejándoles a la mano los links a nuestras publicaciones.

El modelo de "Tabla de recursos"

Cuando hemos curado varios contenidos relacionados con herramientas o servicios, podemos crear una lista que servirá como "directorio" de recursos útiles para nuestro público. Muchas veces, este tipo de contenidos se coloca de manera destacada en el menú de nuestro blog o sitio web, para una fácil consulta. No se trata únicamente de colocar el nombre de la herramienta o recurso y un link que lleve a su sitio web, sino agregar una pequeña descripción de la herramienta, explicando su utilidad y enlazando al contenido que hemos curado al respecto, dando información detallada. Este tipo de publicaciones suele ser muy buena para recomendar productos o servicios a través del Marketing de afiliados y ganar dinero cuando las personas compren desde nuestro sitio.

El modelo "Opiniones/Comentarios de nuestros usuarios"

En este tipo de contenidos, usamos los comentarios de nuestra audiencia de los contenidos más populares que hayamos compartido con ellos. Cada pieza que creemos, generará algún tipo de conversación en la sección de comentarios (o al menos, eso es lo que queremos y esperamos que suceda y por lo tanto, debemos incentivarlo) y las aprovecharemos para crear nuevos contenidos que nos permitan debatir o agregar información según lo que hayan opinado las personas.

En las revistas tradicionales, este tipo de contenidos se le suele llamar "Cartas (o correspondencia) de nuestros lectores", en los que la revista publica en dos o tres páginas, comentarios enviados por los lectores, y el equipo editorial de la revista les da respuesta, bien sea aceptando sus sugerencias, defendiendo su posición o aportando información adicional. Esto, además, nos dará oportunidad de reutilizar el contenido que hemos creado anteriormente, transformándolo en un contenido fresco que nos permitirá volver a compartirlo y nos ayudará a aportar más valor a nuestros usuarios; sin mencionar que, otras personas verán que las opiniones y comentarios de la audiencia son tomados en cuenta y que se les da destaque en algunas publicaciones, lo que incitará a muchas más personas a expresar su opinión.

El modelo "Libro"

Hay muchos autores de *bestsellers* que han convertido las mejores publicaciones de su blog en un libro, el cuál se ha llegado a convertir en un éxito de ventas. Aunque hay personas que dejen reseñas negativas de este tipo de libros, diciendo *"...este libro no es más que una compilación de las entradas del blog del autor"*, es una buena forma de reutilizar los contenidos, seleccionado los mejores de los mejores y convirtiéndolos en otra obra distinta. Somos defensores de "avisarle" al público actual que ese libro consiste en una recopilación de las mejores entradas del blog (o canal de Youtube, Podcast, lo que sea) para evitar ese tipo de comentarios negativos.

Sin embargo, no debemos olvidar que el libro lo comprarán y leerán personas que probablemente nunca hayan visitado el blog o sitio web del autor, por lo que, toda esa información será totalmente nueva para ellos. Un ejemplo de este modelo es el mismísimo libro que estás leyendo en este momento. Esta guía que tienes en tus manos (o en tu pantalla) inicialmente no fue creada para ser publicada como un libro, sino que era un manual de uso interno para los curadores de Keiwebco y Diwallia. Aunque no tenemos un blog con esta información, era contenido curado que estaba (y aún está) siendo usado para entrenar a otros curadores de nuestro equipo y posteriormente, decidimos transformarlo en un libro accesible a todo el público.

El proceso de curar tu propio contenido curado funciona de la misma manera que cuando curas contenido de otras personas: seleccionas lo mejor de lo mejor, aportas una perspectiva única y comentarios sobre el contenido, citas y enlazas a la/s fuente/s original/es (en este caso, tus fuentes curadas) y creas una pieza totalmente nueva.

Ahora que conoces los beneficios que ofrece esta práctica, probablemente no te parecerá tan descabellada la idea de curar tu propio contenido curado. Recuerda que no hay límites en la creatividad para la curación de contenido. El contenido que cures puede volver a ser curado muchas veces más y este proceso es especialmente útil cuando sientes que no tienes ideas ni inspiración para crear publicaciones nuevas. Así, te aseguras de cumplir la cuota de publicaciones a la que tienes acostumbrados a tus lectores.

CAPÍTULO VIII

EL NEGOCIO DE LA CURACIÓN DE CONTENIDOS

Aunque esta guía la hemos creado pensando en emprendedores (y bloggers) ocupados que, necesitan constantemente publicar contenidos para permanecer presentes delante de su audiencia, tenemos consciencia que algunos de los lectores son (o quieren convertirse en) curadores profesionales.

Por otro lado, existen aquellos que publican contenido en un blog, canal de Youtube o podcast, con el objetivo de monetizar el tráfico que reciben y poder vivir de los ingresos que genere su plataforma. Al inicio sabemos que cuesta, pero a medida que la audiencia va aumentando, también aumentan las probabilidades degenerar ingresos con el blog, canal o lo que sea que uses para transmitir la información.

Muchos de los que curamos contenidos, lo hacemos como parte de una estrategia general de *Inbound Marketing;* es una acción que a mediano y largo plazo, ayudará a vender productos o servicios. Sin embargo, existen otras maneras de rentabilizar el esfuerzo de curación, como podrían ser:

Publicidad:

Cuando vas captando tráfico y vas aumentando tu audiencia, la publicidad podría empezar a ser rentable para ti. Bien sea a través de *Banners* (de Google Adsense, por ejemplo) como vídeos *Instream* o inclusive, publirreportajes (otras empresas te pagan por publicar un artículo que habla de las maravillas de sus productos) recibir dinero de anunciantes publicitarios te podría generar ciertos ingresos. Aunque hay creadores/curadores de contenido que viven únicamente de la publicidad, consideramos que son la minoría. Lo ideal sería mezclarlo con otras fuentes de ingreso, como las que compartiremos en los puntos a continuación.

Comercio electrónico:

Vender (o recomendar) productos y servicios, tanto propios como de otras empresas, es otra manera de hacer dinero con la curación de contenidos. A través del *marketing de* afiliados, recibirías una comisión por cada venta que ayudes a conseguir para otras empresas o profesionales y la ventaja es que, siendo tan solo quien recomienda los productos/servicios, no tienes que preocuparte con la producción, atención al cliente, mantenimiento, etc., porque tu trabajo sería como el de un "comercial" que vende productos de otras personas. Por ejemplo, si tu sitio se trata de fútbol y tienes una audiencia interesada por este tema, puedes afiliarte a varias tiendas que vendan equipos deportivos o *merchandising* oficial y ganar comisiones por las ventas que provengan de tus recomendaciones.

Otra manera de hacer *marketing* de afiliado es a través de Amazon y su programa *Associates*, con el que puedes recomendar cualquier producto que se venda en sus diferentes tiendas (amazon.com, amazon.es, amazon.mx, etc.) y ganar comisiones por las ventas.

Suscripciones: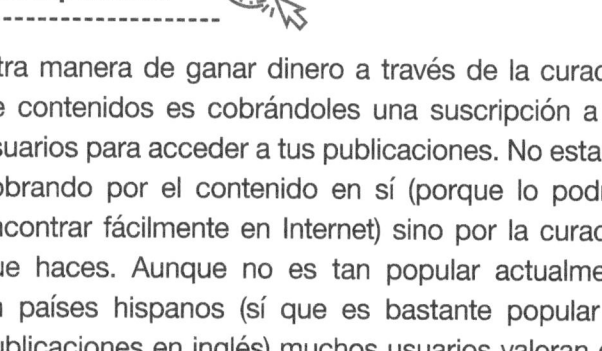

Otra manera de ganar dinero a través de la curación de contenidos es cobrándoles una suscripción a los usuarios para acceder a tus publicaciones. No estarías cobrando por el contenido en sí (porque lo podrían encontrar fácilmente en Internet) sino por la curación que haces. Aunque no es tan popular actualmente en países hispanos (sí que es bastante popular en publicaciones en inglés) muchos usuarios valoran que un curador les ahorre tiempo, presentándoles las mejores publicaciones del sector y además, agregando opiniones y puntos de vista propios, por lo cual, estarían dispuestos a pagar una mensualidad o anualidad. Para poder llegar a cobrar una suscripción, tienes que haberte ganado el respeto y la confianza de tu público, demostrándoles que tus curaciones realmente valen la pena y les aportan valor a sus vidas.

Venta de contenido curado: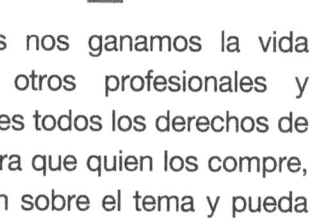

Los curadores profesionales nos ganamos la vida curando contenidos para otros profesionales y empresas. En este caso, cedes todos los derechos de los contenidos que curas, para que quien los compre, les pueda agregar su opinión sobre el tema y pueda publicarlos como propios. Hay varias maneras de hacerlo, siendo una de ellas la que te hemos explicado en el punto anterior, a través de una suscripción mensual en la que cada mes, le ofreces "X" cantidad de artículos curados a tus clientes. También podrías vender paquetes de 10, 20 o 50 contenidos (como quieras) y cobrar un valor por ellos. Mientras más exclusivo sea el contenido y menos clientes los usarían, más caro se podría cobrar.

Construcción de una lista de *email*:

Aunque no es una manera directa de rentabilizar el esfuerzo, es una acción que te permitirá ganar dinero de diversas formas. Consiste en la recolección de correos electrónicos, bien sea para recibir un boletín informativo (o *newsletter*) como para recibir las últimas novedades o inclusive, presentarles el contenido curado únicamente por email, como una especie de "lo mejor en tu buzón", donde cada semana o cada mes, recibirán tus contenidos curados en su correo y podrás aprovechar que tienes una relación con tu lista de suscriptores, para recomendarles productos o servicios, tanto a través del *marketing* de afiliados, como vendiendo tus propios productos o servicios.

Todos estos modelos de monetización dependen de diversos factores, como por ejemplo, el tipo de público al que te diriges, el tamaño de la audiencia, el tipo de temas que curas, entre otros más. Puedes elegir cuál se adapta mejor a lo que haces y sin duda, puedes usar varios y combinarlos según tus necesidades.

Los retos de un cargo novedoso: "Curador de contenidos"

Al igual que ha ocurrido en el pasado con otros cargos que se crearon en el ámbito de la era digital, como por ejemplo, el caso del *community manager,* que al principio no recibían el respeto, la importancia y el reconocimiento por parte de las empresas, hoy existen nuevos cargos que empiezan a tomar esa misma relevancia y uno de ellos, es el de Curador de contenidos o *Content curator.*

Este es un cargo que ya puedes encontrar en los equipos de trabajo de grandes transnacionales, pero que por ser tan específico, quizá no lo veas aún en compañías de menor tamaño, sobre todo aquellas que todavía no entienden que para conectar sus marcas con su público, tienen que dejar de hablar de sí mismas o de sus productos y servicios, y centrarse más en contar historias y ofrecerles contenidos de calidad a esas audiencias.

Esta figura surge por la extensa cantidad de contenidos que requiere el *Inbound Marketing* para que sea efectivo. El objetivo de las empresas es: captar la atención de su audiencia a través de contenidos que les aporten valor y que sean muy útiles, según las necesidades que tengan.

Conseguir esto requiere de personas que se dediquen únicamente a la producción de contenidos y todos sabemos que, con la cantidad de responsabilidades que tienen los emprendedores y dueños de negocio, es bastante complicado que ellos mismos se dediquen a esto. Además, surgen muchos retos, inclusive para nosotros los profesionales de la curación y debemos tenerlos presentes para hacer un buen trabajo.

Algunos de los retos con los que nos enfrentamos actualmente, en un mundo con tanto ruido y tanta variedad de opciones, son:

- **Las audiencias determinan lo que quieren en cuanto a contenido:** aunque esto no es nuevo y desde la época de la aparición de la televisión, es el público el que determina lo que quiere ver, el mayor reto que enfrentamos actualmente es que es demasiado fácil para las personas "cambiar de canal" constantemente. Para conseguir que se mantengan fieles al contenido que les ofrecemos, debemos saber lo que quieren y darles constantemente aquello que más los satisfaga. Lamentablemente, por esta misma razón, es que han aparecido tantas publicaciones amarillistas, que publican información falsa que captará la atención del público y eso está transformando nuestra sociedad en un circo mediático, lleno de situaciones chocantes, sentimentales, que incitan inclusive al odio y buscan generar polémica a cada momento. Debemos buscar la manera de aportar valor y conocimiento dentro de este mundo, tratando de no salirnos de nuestros valores y objetivos profesionales, pero al mismo tiempo, consiguiendo que las personas se interesen por lo que curamos.

- **Curar contenidos requiere de una formación estratégica:** por lo general, los curadores de contenido son profesionales que vienen de las áreas de periodismo o comunicaciones en general, aunque también se requiere formación adicional, ya que, esta actividad exige ciertas habilidades y conocimientos específicos para que sea realmente efectiva. Algunos consideran que el periodista sería el profesional idóneo para desempeñarse como curador de contenidos, por su curiosidad y facilidad para escribir. Sin embargo, un periodista puede carecer de pensamiento estratégico a nivel de marcas y negocios, lo cual requerirá de ciertos conocimientos de Marketing. El curador profesional debe saber discernir respecto a cuál contenido sería el más adecuado según los objetivos de la empresa, por lo que requiere formarse en temas de publicidad, *branding, copywriting* y otras disciplinas relacionadas más con el mundo del *Marketing* que del periodismo.

- **Solo organizaciones con estrategia digital darán importancia a este cargo:** de acuerdo con el consultor en *marketing* digital Juan Lucero, en algunas regiones, la incorporación del cargo de curador de contenido se ve mayormente en medios de comunicación grandes, agencias de comunicación digitales y algunas multinacionales (sobre todo aquellas donde se maneje un concepto refinado de estrategia digital), ya que, a las empresas tradicionales les cuesta mucho más salirse de la forma clásica de comunicación y publicidad, que consiste en hablar de sí mismas en todo momento. Por otra parte, el cargo de curador podría no ser tan importante para las pequeñas y medianas empresas y sería más difícil verla incorporada a este nivel, salvo que el liderazgo de la empresa vea un beneficio inmediato con su implementación o prefiera utilizar un servicio contratado a un tercero a fin de reducir su coste. Lo cierto es que, las empresas que sepan manejar la curaduría de contenido a futuro y tomen consciencia de la importancia del contenido en sus estrategias de *marketing* digital tendrán una ventaja significativa sobre aquellas que no lo hagan.

- **El futuro de la curación de contenidos se basará en sistemas automatizados:** con la llegada acelerada de la inteligencia artificial, son cada vez más las labores que la incorporan para hacer el trabajo de forma más eficiente y, sin querer sonar apocalípticos ni pesimistas, es posible que en un futuro relativamente cercano, mucho del trabajo de curación podría ser substituido por herramientas automatizadas, cuyo algoritmo se encargue de buscar por toda la red la información más relevante sobre un tema, analizar la interacción y viralidad de los contenidos, examinar los mapas de calor de las publicaciones para detectar los extractos que se deberán utilizar en la curación y de esta forma, eliminar gran parte del proceso humano requerido para la actividad. Ya hemos visto casos de robots que pintan obras de arte, máquinas que componen canciones que se podrían convertir en un éxito, así que, es cuestión de tiempo para que suceda lo mismo con la curación de contenidos. De la misma manera que no creemos que los robots y la inteligencia artificial acabarán en menos de 20 años con la mayoría de los trabajos que tenemos los humanos actualmente, también creemos que debemos prepararnos y aprender a trabajar junto con las máquinas, formando un equipo prometedor que sea de mucho valor para las empresas.

Lo dicho hasta aquí pone en evidencia que, a pesar de que este cargo tiene un potencial prometedor, todavía es un empleo poco valorado por ciertas empresas. El principal reto que enfrentamos es que muchas logren entender el valor estratégico que esta labor aporta para los objetivos del negocio y una mejor comunicación de sus marcas.

El autor Steven Rosenbaum, en su obra *Curation Nation. How to Win in a World Where Consumers are Creators,* citado por Joan Chipia, señala que las marcas han de transformarse en medios de comunicación y, por lo tanto, necesitarán contenido frecuente. También, los propios consumidores de contenidos son los que curan contenidos (de forma corta) con todo lo que comparten en sus rede sociales. De allí que, más allá de un cargo, la curación de contenidos forma parte de la naturaleza propia de la evolución de Internet.

Dónde podrás trabajar si te especializas en curación de contenido digital

Como lo hemos dicho antes, las oportunidades van desde medios de comunicación, sitios web, agencias digitales, hasta un sinfín de organizaciones interesadas en sacar provecho de la gestión del conocimiento a través del volumen de contenidos que a diario suben millones de personas a la red. En particular, las empresas son las más interesadas en incorporar en sus filas a estos profesionales, siempre que puedan justificar o encontrarle un valor (retorno de inversión) para los objetivos del negocio.

Las organizaciones interesadas en contratar curadores, necesitan contar con profesionales que tengan la habilidad y capacidad para analizar, sintetizar y organizar los contenidos que tengan mayor importancia para la empresa, en función de los objetivos del negocio. Solo así, estas organizaciones podrán insertarse en la gestión del conocimiento, valiéndose del trabajo de los curadores de contenidos.

El experto en *marketing* digital Alberto Quiroga asegura que en algunos países se está empezando a adoptar una cultura basada en el contenido. Refiriéndose a Chile, señala que allí las empresas todavía no son grandes creadoras ni grandes curadoras de contenido, pero sí se está tomando cada vez más consciencia de su importancia. Al igual que en ese y otros países, es un cargo cada vez más conocido, y ya se consiguen cursos para especializarse en esta actividad y muchas formas para mantenerse actualizado en torno a las tendencias en este ámbito de la economía digital.

Para algunos expertos en el área, como Juan Lucero, la curación de contenido requiere un poco de los mismos criterios que el curador de arte, pero la dificultad que enfrenta este cargo para su inserción en las empresas es un tema mucho más complejo. Tal vez, algunas estén dispuestas a contratarte como *community manager,* pero les costaría mucho más pagarte un sueldo para que solo escojas contenidos que, en la mayoría de los casos, no son propios.

Es cuestión de tiempo para que el cargo de Curador de Contenidos se vuelva tan popular como el de *Community Manager.* Debemos todos trabajar en conjunto, haciendo una excelente labor como curadores, para que empresas de todo tipo, comiencen a entender el valor de esta actividad, para alcanzar los objetivos del negocio.

CONCLUSIONES

A lo largo de esta guía has podido darte cuenta que la curación de contenidos, no se trata únicamente de compartir un montón de información interesante y nada más. Es un proceso que tiene como finalidad llegar a un público específico y con una misión muy clara: **servir a tu audiencia.**

Una de las principales metas que debes tener como curador de contenidos es proveer siempre valor y acercar a las personas a lo que les será realmente útil. Las personas que te siguen y que consumen tus contenidos, quieren obtener nuevos conocimientos o ideas que los ayuden a mejorar en cualquier aspecto de sus vidas. Así que, no solo te enfoques en compartir información, sino en filtrar el mejor contenido posible.

Hay muchas razones para utilizar la curación de contenidos y hoy en día, casi todas las empresas que conoces utilizan esta técnica. Probablemente, la mayor parte del contenido que leas en las redes sociales y blogs de muchos profesionales, sea curado.

¿Por qué? Llevamos varios años adentrados en el siglo XXI, la humanidad ha creado toneladas y más toneladas de información que, resulta totalmente imposible, consumir en su totalidad. Si entre todos no filtramos toda la información que ya existe actualmente, y seleccionamos lo mejor de lo mejor, entonces nos arriesgamos a perder aquellas joyas que obligatoriamente, debemos pasar a las nuevas generaciones. La curación de contenidos es también una misión humanitaria, para proteger el futuro de la humanidad (por más grandioso que te pueda sonar).

Es normal que se cree mucho más contenido malo y mediocre, que bueno. Nuestro trabajo nos exige separar las cabras de las ovejas, separar la paja del trigo y debemos adoptar una posición de "jueces" para determinar, lo que realmente es bueno y digno de curar.

Por otro lado, empresas y profesionales ya comprendieron hace tiempo que en la curación de contenidos, yace una gran posibilidad de hacerse notar dentro de la red, sobre todo en este mundo con tanto ruido y distracciones. Ser capaces de compartir contenido de valor, sin necesidad de crearlo desde la raíz, sino basándonos en la sabiduría ajena y mezclándolo con nuestra propia experiencia, nos permite acelerar el proceso y conseguir sacar mucho más contenido.

La curación de contenidos nos ahorra una gran cantidad de tiempo y dinero, y con tan solo un computador, Internet y herramientas, muchas de ellas gratuitas, podremos hacer un buen trabajo si nos formamos, practicamos con frecuencia y aprendemos de nuestros propios errores.

Cada vez más personas se unen al mundo de la curación de contenidos. El número de personas que crean sitios web con la esperanza de darse a conocer y causar un impacto aumenta y, por ende, la competencia se hace mayor. Entonces, solo los que tengan las herramientas y conocimientos adecuados lograrán triunfar.

Esperamos que a través de esta guía hayas podido ver el panorama general de la curación de contenidos y la uses de referencia siempre que desempeñes esta labor.

Por favor coméntanos tu opinión, haznos llegar tus críticas constructivas sobre esta guía a info@keiwebco.com y tendremos todo el gusto de mejorarla.

Recibe nuestro caluroso saludo, por parte de todo el equipo de Keiwebco y de Diwallia.

Publica una selfie con el libro

Hazte una *selfie* con la versión en papel de este libro, súbela a tus redes sociales, coloca los Hashtags: #MarketingDeContenidos y #Keiwebco y te regalaremos el audiolibro completo de Curación de Contenidos.

BIBLIOGRAFÍA

LIBROS Y EBOOKS:

DURRANT, T. CONTENT CRUNCH: Why Curation Is the Future of Your Website

MACINTOSH, E. The Content Curation HandBook: How to create curated content for your website

MALKA, B. Curation Templates: Your 5 shortcuts to evergreen blog posts

NIELSEN, M. 5 News Curation Templates: Content Creation Just Got Interesting

ROSENBAUN, S. Curate This! The Hands: On, How-To Guide to Content Curation

SCANLON, S. Content Curation Secrets: How to Create Traffic, Leads, and Profit with Content Curation

ARTÍCULOS Y ENLACES:
----

http://www.inc.com/john-boitnott/5-reasons-to-curate-more-content-for-immediate-success.html

http://rainmaker.fm/audio/lede/lede-content-curation/

http://www.huffingtonpost.com/matthew-collis/6-powerful-tips-to-effect_b_5901856.html

http://curationtraffic.com/curation-tips/5-tips-for-becoming-a-better-curator/

https://expresswriters.com/17-of-the-best-content-curation-tools/

http://contentmarketinginstitute.com/2015/12/content-curation-tools/

http://www.curata.com/blog/6-content-curation-templates-for-content-annotation/

http://blogs.constantcontact.com/use-content-curation/

https://s-media-cache-ak0.pinimg.com/564x/99/19/b1/9919b1cdaaad3d238859a31b7f0d32fa.jpg

https://s-media-cache-ak0.pinimg.com/564x/66/ce/c7/66cec7b70e3affb61ff4a8ccf43e9653.jpg

http://blogs.constantcontact.com/best-practices-for-curating-content/?CC=SM_PIN

http://blog.hubspot.com/marketing/content-curation-tools

http://blog.hubspot.es/marketing/imagenes-gratis-y-fotos-libres-de-derechos

http://www.arturogarcia.com/2014/07/11-ventajas-de-utilizar-wordpress-para-la-web-de-tu-negocio/

https://platzi.com/blog/porque-usar-wordpress/

http://www.twelveskip.com/marketing/content-marketing/1378/upping-your-content-curation-game

http://todouncommunitymanager.blogspot.com/2016/03/que-aplicaciones-usar-para-trabajar.html

http://adveischool.com/5-motivos-para-usar-hootsuite/

http://www.socialmediaymas.es/buffer-app-herramienta/

https://blog.dashburst.com/best-social-media-management-tools/

http://www.i-scoop.eu/content-marketing/content-curation-overview-benefits-goals-tools/

http://www.convinceandconvert.com/content-marketing/content-curation-5-ways-to-succeed-eventually/

TODOS LOS DERECHOS RESERVADOS
Copyright © 2018 Keiwebco, Inc.

Todos los derechos reservados. Ninguna parte
de este libro podrá ser reproducida o transmitida
por cualquier medio – mecánicos, fotocopias,
grabación, online u otro – excepto por citas breves,
sin la autorización previa por escrito del autor.

www.ingramcontent.com/pod-product-compliance
Lightning Source LLC
Chambersburg PA
CBHW071535220526
45469CB00003B/792